要素市场扭曲、企业创新与全要素生产率提升研究

张臻　著

中国商业出版社

图书在版编目（CIP）数据

要素市场扭曲、企业创新与全要素生产率提升研究 / 张臻著. -- 北京 ：中国商业出版社，2020. 8
ISBN 978-7-5208-1227-6

Ⅰ. ①要… Ⅱ. ①张… Ⅲ. ①全要素生产率-研究-中国 Ⅳ. ①F249. 22

中国版本图书馆 CIP 数据核字（2020）第 157118 号

责任编辑：杨林蔚 佟 彤

中国商业出版社出版发行
010-63180647 www. c-cbook. com
（100053 北京广安门内报国寺 1 号）
新华书店经销
北京厚诚则铭印刷科技有限公司印刷
* * * *
710 毫米×1000 毫米 16 开 11. 5 印张 210 千字
2021 年 3 月第 1 版 2021 年 3 月第 1 次印刷
定价 58. 00 元
* * * *

前　言

按照经济发展的经验和历史来看，全要素生产率的提高是经济长期增长的必经之路，也是最优选择。与经济发达国家相比，我国的全要素生产率水平低下，如何在要素市场配置效率低下的环境下提升全要素生产率水平，尤其对于创新动力不足的企业主体而言至关重要。因此，本书围绕全要素生产率的损失路径与提升策略这一主线，按照理论分析—机理剖析—实证研究—政策建议的思路，运用文献分析、理论实证分析和比较分析的方法，从寻找全要素生产率损失的途径和影响因素入手，调查不同步的市场化改革进程引发要素市场扭曲现状，探讨企业的研发与创新行为，探究全要素生产率损失的微观机理，寻找中国经济长期增长的道路和政策方向。

研究内容主要包括以下四个方面：一是在企业异质性的基础上要素市场扭曲、企业创新与全要素生产率的理论与机理分析。探讨要素市场扭曲、企业创新与动态市场环境对全要素生产率的影响机制，剖析其自身的形成机制，并在此基础上构建涵盖三者的统一理论框架。同时，从初始经济体出发，逐步增加要素市场扭曲、创新、动态市场以贴近现实经济环境，并研究其对全要素生产率的逐步作用与影响，加总层面生产率作何反应，并梳理对其构成影响的脉络与微观机制。二是中国的要素市场扭曲、企业创新与全要素生产率的特征研究。梳理改革开放以来造成要素市场配置效率损失的制度演变，总结了资本、劳动力、土地和能源的扭曲现状和特征；考察企业创新的现实特征与存在的问题，探讨中国企业创新与现时经济发展水平的关系；分析了全要素生产率提升的障碍与发展现状。三是通过全要素生产率加总分解的实证分析，认清促进增长的三个途径：再配置效率、企业自身生产率提高以及动态环境，并从跨行业、跨区域、跨国层面进行比较，从微观、中观到宏观角度进行对比，检验不同层次上全要素生产率的损失途径与增长空间。之后从提高全要素生产率的途径入手，揭示由要素市场的扭曲现状导致生产要素的再配置效率低下、企业创新推动企业生产率的提升动力不足，因此从要素市场扭曲和企业创新两个角度寻找提升途径，拓展生产率增长空间，并对不同所有制企业的生产率提升策略进行区别。四是提出需要迫切提升全要素生产率的政策建议，通过营造良好的创新氛围与确立企业创新的主体地位来提升企业创新能力与带动作用，通过加强政府管理能力、推进大市场建设与核心要素市场改革来加快要素市场化进程，通过统筹产业布局、改善产业结构加快引导产业结构的升级与转换，使得全要素生产率得以有效提升。

研究结论是：一是要素市场扭曲不仅阻碍了全要素生产率的提升，也使得真正具有创新能力和动力的企业数量减少，要素市场扭曲现状本身以及扭曲导致企业创新意愿减低，都不利于加总的全要素生产率的提升。而企业创新不仅可以抬高生产率临界水平，也可以提升加总的全要素生产率，企业做出是否创新的选择取决于预期创新收益和创新成本的关系。二是在样本期内，中国制造业的全要素生产率保持稳步上升态势，其中企业生产率是中国制造业生产率水平上升的最主要因素，生产要素再配置效率在样本期内呈现不断上升的态势，而企业进入与退出净收益的贡献较低，甚至多次出现了负值，说明现行市场优胜劣汰的运行机制没有促进市场优化配置，反而阻碍了加总层面的生产率水平提升。其中，通过跨行业、跨区域和跨国三个层次的比较研究，根据不同经营特征、要素密集度和垄断程度标准，省际、区域之间估计结果来比较制造业内部以及生产率增长的区域结构，并同其他九国进行对比，分析了解中国全要素生产率水平在世界经济中的所处位置和增长潜力。三是资本扭曲引起了全要素生产率年均降低5.5%，劳动力扭曲引起了全要素生产率年均降低2.6%，使得全要素生产率年均降低了8.1%。对企业按照所有制差异进行分别计算，发现国有企业资本和劳动力扭曲引起了全要素生产率降低，与非国有企业相比具有显著差异。而企业创新不仅对提高全要素生产率具有积极影响，并且通过创新活动获得的经验和积累，对后续继续开展创新具有重要引导和启发作用。在国有企业与非国有企业关于创新选择的研究中，也发现企业创新存在明显的所有制差异，国有企业往往倾向于在生产率下降时做出创新选择，相较于非国有企业创新选择更加被动。

本书的创新之处如下：一是构建了全要素生产率增长途径的理论分析框架，探究要素市场扭曲与企业创新对其构成的影响脉络和内在逻辑，构建涵盖三者的统一理论体系框架，有别于以往多从要素市场或企业创新单方面对全要素生产率影响分析，有利于丰富全要素生产率增长理论与要素市场改革政策。二是实证分析了提高全要素生产率的途径，为理论分析框架和政策建议提供以大样本数据为基础的实证支持，克服现有对大样本数据的处理和测度问题，在微观数据和微观运行机理的基础上确定对全要素生产率的作用机制，并与初始经济体形成对比，具体分析每一个要素对全要素生产率的影响脉络。三是从行业间、区域间、国家之间对比分析全要素生产率的提升途径，从微观和宏观两个维度探究中国全要素生产率的增长基础，从所有制差异区别国有企业与非国有企业的创新选择差异，更加系统辩证地从多角度、多层次研究提升效率差异，对当前全面系统地深化要素市场改革、推动企业创新政策提供数据支持。

目　录

第1章 导 论

研究要素市场扭曲与企业创新对提升全要素生产率水平的作用和影响，对一国经济持续增长来说具有重要意义。本章从研究背景与意义入手，梳理本书的研究思路与方法，介绍研究的主要内容、框架结构，阐明本书研究的创新之处。

1.1 研究背景与意义

1.1.1 研究背景

（1）现实背景

从中国改革开放以来，通过40多年的高速发展，中国经济取得了巨大的成就。我国GDP占世界经济产值的比重从1978年的1.8%上升至2017年的15%，增长将近10倍。从1978年到2008年，中国GDP达到了年均两位数的增长速度①，持续了30年的高增长速度、低通货膨胀率的经济发展态势，在世界发展史上也实属罕见。但是从2008年金融危机之后，经济增速明显出现下滑：经济增速在2007年时达到14.2%，到2017年时只达到6.9%，经济增速在“十二五”期间为7.6%，预计“十三五”期间为6.2%。初期通过粗放式的大量投入生产要素、刺激经济需求、大规模的基础设施建设、对外贸易顺差推动的高速经济增长，受到了国际经济形势、劳动力、自然环境、能源要素等诸多因素的限制，经济增长压力与日俱增、经济增长速度显著放缓。中国经济在经历了40年的高速增长之后，能否持续发展下去是经济学界和政府高度关注的问题，也是人类社会对繁荣和进步的永恒追求。从经济发展与经济增长

① 根据巨灵金融服务平台数据剔除价格因素计算结果。

的关系看，增长是基础、发展是目标，要实现经济持续发展首先要有经济持续的增长。纵观我国改革开放之后的经济发展之路，依靠粗放式的、大量投入生产要素、刺激经济需求带动的经济增长模式，确实带来了快速的经济增长，但随着经济规模的不断扩大，并受到国际经济形势不景气的影响，劳动力成本增加，自然环境限制，能源资源缺乏以及其他因素，以往的经济增长模式已经难以满足长期持久发展的要求，经济长期高速增长掩盖的遗留问题和矛盾也逐渐显露，成为经济进一步发展的障碍。

长期快速经济增长所掩盖的问题和矛盾也变得突出：其一，土木工程建筑，钢铁，化肥等低端化工产品，水泥，平板玻璃，汽车，造船等产品严重过剩；其二，工业部门中出现了一些入不敷出、依靠补贴和贷款维持的僵尸企业，电力、热力、冶金、石油加工等行业中“僵尸企业”比例较高，根据2016年的数据，钢铁行业的比例是51.43%、房地产行业为44.53%、建筑装饰行业为31.76%①；其三，地方违法违规举债导致地方政府债台高筑，商业银行不良贷款规模逐步上升，金融系统性风险增加；其四，环境污染问题日益严重，能源和资源过度消耗，能源投入成本大幅上涨，企业成本显著上升；其五，后金融危机时代全球经济发展前景暗淡，亚洲、欧洲和美洲等重要市场出口增速放缓。依靠高投入与需求刺激维持的经济高速增长模式遇到了障碍。中国经济的未来究竟是延续之前高投入、高产出的老路，还是寻找中国经济长期增长的新动力，是当前经济转型期的关键问题，也是国内外关注的焦点。

在当前世界经济缓慢复苏的背景下，中国引擎对于推动世界经济复苏和增长显得更为重要。如何推动经济长期持续地增长，满足人们追求富足安定生活的愿望？这个问题的答案由物质资本和人力资本的累积②③，发展到全要素生产率水平的提升④⑤。根据世界银行2015年的数据，尽管我国的全要素生产率在2000—2011年一直处于稳步上升阶段，但相比发达国家平均水平仍然具有相当差距。以美国为例，2000年我国的全要素生产率为美国全要素生产率的30.1%，2011年我国的全要素生产率为美国全要素生产率的40.6%。这表明，在同等条件下，投

---

① 2016年中国人民大学国家发展与战略研究院，《中国僵尸企业研究报告——现状、原因和对策》。

② Peter J. Klenow, A. Rodriguez-Clare. The Neoclassical Revival in Growth Economics: Has It Gone Too Far [J]. NBER Macroeconomics Annual, 1997 (12).

③ Robert E. Hall , Charles I. Jones. Why do Some Countries Produce So Much More Output Per Worker than Others [J]. The Quarterly Journal of Economics, 1999 (2): 83-116.

④ Accounting for Cross-Country Income Differences [M]. F. Caselli, 2005.

⑤ Chang-Tai Hsieh, Peter J. K. Klenow. Development Accounting [J]. American Economic Journal, 2010 (1): 207-230.

入同等要素，中国的产出不及美国产出的一半，这无疑是对经济产出的极大损失[①]。根据经济合作与发展组织（OECD）发布的2017年统计数据，我国的劳动生产率与OECD成员国平均生产率水平之间也存在较大差距，2016年中国的劳动生产率相当于OECD成员国平均水平的29.4%[②]。与世界主要发达国家相比，美国、欧盟、日本的劳动生产率水平都远高于我国。并且随着经济总量的增加，我国的全要素生产率增长速度放缓，从2000年的3.9%逐年下降到2015年的3.1%。全要素生产率对经济增长的贡献达到43%，相比发达经济体的70%差距明显[③]。如果能不断提高我国的全要素生产率水平，缩小同发达国家之间的差距，即可在当前经济投入不变的基础上，实现经济的跨越式发展，续写中国经济增长奇迹。

（2）理论背景

是什么推动了全要素生产率的提高？一方面，它取决于当前配置效率的不断提高；另一方面，它取决于企业创新能力的逐步提高[④]。而生产要素[⑤]在企业间的配置效率，即要素市场是否存在扭曲状况，越来越受人们关注。改革开放以来，通过渐进式的改革，从价格双轨制到市场化为主导，我国的产品市场已基本实现市场调节，市场化改革取得了显著成效。由于现行法律法规有待完善、市场规则不尽相同、市场主体话语权不平等，使得资本价格、土地价格、能源价格等受到政府干预，劳动力市场由企业主导，要素市场的扭曲严重[⑥]。同时，由于政治与金融机构的关联性，使得资金配置效率低下，大批僵尸企业出现，市场以外的因素直接或者间接地干预要素市场，影响生产要素的市场价格，使得市场化工具难于发挥资源配置的效用，并产生了直接的负面影响。尤其从短期来看，要素市场的扭曲能协助部分企业和局部地区，在短时间内迅速可靠地获得生产资源，促进经济快速增长，政府更有倾向进行定价权和分配权的控制，参与到要素市场资源的抢夺战中；但从长期发展来看，持续性的要素市场扭曲带来短期经济效益提高，却带来了长期经济的亚健康状态，丧失了经济持续增长的市场化土壤，势必会造成失衡的经济结构，与不协调的经济发展状态。

驱动全要素生产率的另一个关键因素是企业创新能力的逐步增强。当前，我国总体创新水平低、动力不足，与世界发达国家相比还有不小差距，关键是

---

① 联合国的ICP（国际比较计划），委托宾夕法尼亚大学建立数据库peen world table，版本为8.1。

② 经济合作与发展组织（OECD）2017年统计数据，劳动生产率为经济总量与劳动力总数的比值。

③ 国家信息中心，2017年我国全要素生产率对经济增长的贡献测度。

④ 蔡昉. 中国经济增长如何转向全要素生产率驱动型［J］. 中国社会科学，2013（1）.

⑤ 生产要素包括资本、劳动力、土地、能源等所有用于生产的物质资料，而由于资本和劳动力是最主要的生产要素，并且因为其他生产要素的数据可得性，本书只考虑资本和劳动力生产要素。

⑥ 中国第五届金融界论坛（2018），中国人民银行研究局局长徐忠做主题发言。

技术自给率水平较低、核心竞争力不足、自主创新能力弱、高新技术在整体经济中占比较小、优秀人才匮乏、技术依赖现象普遍。在1995年中共十四届五中全会上，中国首次提出加快转变经济增长方式；2016年的“十三五”纲要，将创新驱动写进规划纲要之中；党的十九大又明确提出创新驱动是发展的第一动力。根据国家统计局数据，我国研发经费从2000年的896亿元增长至2017年的17500亿元，研发经费投入强度从2000年的1.0%增长至2017年的2.12%①。在此期间，伴随着爆发式的研发经费增加，发明专利的申请数量也呈现井喷状态。2000年至2017年发明专利的申请数量由17万件增长到138.2万件，年均增长率达到11%，发明专利授权量由10万件增长至42万件，年均增长率达到8%②，其中发明专利的申请年受理数量达到世界第三。中国创新水平有了巨大的进步，企业的生产技术也得到了显著提高。但在所有研发经费支出中，用于基础研究、实验开发和技术资金所占比例相对较低。在2017年的数据中，基础项目研究仅为5%。与此同时，自主创新能力不足、创新积极性不高、经费支持不稳定，仍制约着经济增长由资源依赖向创新驱动转变。根据国家知识产权局2017年的数据，拥有自主知识产权的企业仅为万分之三③。根据世界知识产权组织2017年的数据，所有35个技术领域中，从2000年至2017年的发明专利拥有量来看，中国在5个领域与世界发达国家持平，29个领域落后于发达国家④。中国自主创新能力水平不高、技术进步动力不足、高价值核心创新成果欠缺，也是我国目前企业创新的困境。伴随着我国研发投入支出的急剧增长，另一个问题也出现了。在我国各地政府竭力追求创新，期望以创新拉动经济增长的同时，陷入了一种对创新的崇拜：片面地追求创新的经费投入，低估创新成果的转化率，不重视自主创新的培植。然而，与现有的经济发展现状和生态环境不匹配，仅依靠数量、经费和主观意志的强制推动，并不能获得技术进步的显著提升，也不能起到推动经济转型发展的作用。

因此，全要素生产率水平低下、要素市场扭曲、企业创新不足，是在目前面对严峻的世界经济态势下，如何推动我国经济发展方式转变的现实问题。我国还能否保持经济的强劲增长？是否需要维持如此高的经济增长率？保持可持续发展的方向不动摇，维持长期经济增长的目标，并突破短期的瓶颈、走出经济增长陷阱和迷雾，是当下经济的关键问题。全要素生产率、要素市场扭曲、企业创新之间可能存在紧密的关联，如何对现实问题做出解释、如何分辨其背

---

① 国家统计局，全国科技经费统计年报（2000—2017）。

② 研发经费投入强度为研发经费与国内生产总值之比。

③ 国家知识产权局，2017年中国专利调查数据报告。

④ 世界知识产权组织，2017年专利合作条约年鉴。

后的影响脉络、如何探寻解决问题的路径，都成为亟待研究的问题。

1.1.2 研究意义

（1）理论意义

通过研究要素市场扭曲、创新、全要素生产率之间的关系，构建三者之间的理论模型，寻找提高全要素生产率的途径，解决经济长期增长面临的困境和难题。自1956年索洛的新古典增长理论以来，充分认可生产要素投入与全要素生产率对经济增长的贡献，经济增长的驱动力一直为经济学家们关注的焦点，从宏观层面的整体水平研究到微观企业、行业层面的变动都进行了有益的探索。1980年以来内生经济增长理论的核心思想认为，不依赖外力推动，经济依然能够实现持续增长，并且认为使得经济得以持续发展的决定因素是内生的技术进步，肯定了创新在经济增长过程中的关键性地位。2009年Hsieh和Klenow则通过对要素市场扭曲和全要素生产率二者之间关系的分析，提出扭曲带来的巨大效率损失。本书在此基础上，试图将要素市场扭曲、创新与全要素生产率纳入统一的分析框架，来寻找全要素生产率提升的途径和微观运行机理。通过建立系统全面的分析框架，涵盖目前研究领域要素市场扭曲与创新这两个关键研究对象，理解经济增长的内在动力，解决要素市场市场化进程滞后、创新不足、企业进入与退出动态环境、企业创新选择等因素给全要素生产率带来的影响。随着中国经济在国际经济社会上地位与影响逐步增强，从中国经济出现的困境和矛盾出发，也成为近年来经济学界研究的方向和重点。因此，研究这些问题并找寻答案，在国际主流的研究基础上构建理论模型，能够使我们更快地找到经济保持持续增长的动力，对现有的经济理论进行补充和更新，对政策实施提供实证研究依据。

（2）现实意义

结合我国现阶段的经济发展水平和增长特征，发现经济发展态势和经济增长模式逐渐发生变化，经济增长步入了新常态。过去长期依赖廉价劳动力带来的经济推动力已逐步减弱，原材料价格大幅上涨，环境压力的增加都使得过去一味依靠粗放式的扩充生产要素投入带来的经济快速增长模式难以维持。与此同时，在向经济新的增长模式转变过程中，创新不足、效率低下，因此探究经济长期增长的动力是目前亟须解决的问题。通过对大样本数据库的数据统计和实证研究分析，首先，可以更全面了解我国经济增长的阶段性特点；其次，通过对全要素生产率的加总再分解，来识别提高全要素生产率的途径；再次，通过对要素市场扭曲程度的考察，来探求中国的全要素生产率的增长空间；最后，通过对企业创新动力不足、创新主动性差等现实问题分析，为激励和引导企业加快创新、提高创新质量提供决策基础。

一国的制造业是国家工业的主体，是工业产业发展水平的最主要力量，对于中国经济来说具有至关重要的作用。中国制造业工业增加值占全球制造业比重，从2000年的7%提高至2017年的25%，并在2010年至今保持规模世界第一，中国拥有全世界最完整的制造业体系，拥有最大的制造规模，是一个名副其实的世界工厂。制造企业的生产率决定制造业发展水平，关系着中国大多数规模以上企业的发展状态，决定着中国作为制造业大国的强国转型之路。聂辉华（2011）通过对中国制造业的企业生产率的离散程度测算，发现中国制造业面临着较为严重的要素市场扭曲现状①。

本书首先通过构建一般均衡条件下的理想经济体分析框架，之后加入要素市场扭曲的因素，来分析中国要素市场扭曲的程度与影响，随之引入研究企业在创新研发中做出的决策和结果，对企业生产率加总后，探究影响全要素生产率的机制，并建立起一个基于大样本基础上的、统一全面的理论分析框架。其次，微观层次上研究企业对中国的全要素生产率产生的影响，企业生产率的提高、企业的创新选择对促进加总的全要素生产率起到的作用，定量识别加总的的全要素生产率在企业角度的微观变化。再次，探索阻碍中国的全要素生产率提升的障碍有哪些，从现实经济环境中企业间要素配置效率，企业创新能力低下、动力不足，企业进入退出的动态环境等方面，在微观角度揭示全要素生产率的提升渠道。通过定量估算全要素生产率的损失数量及损失途径来构建反事实，估算要素市场扭曲缓解，全要素生产率能得到多大程度提升。最后，为要素市场的进一步市场化改革提供建议，在企业创新能力不足的现状下，企业如何做出创新选择，并对我国如何提高全要素生产率，加大企业创新引导力度，加速经济增长方式的转型，提供政策支持和数据基础。

1.2 研究思路与方法

1.2.1 研究思路

本研究对象为要素市场扭曲、企业创新与全要素生产率，研究的问题主要包括宏观角度的测算制造业全要素生产率，及其影响变动的微观机理，要素市场扭曲与企业创新对全要素生产率的作用和影响机制。

基于上述研究对象与研究问题，发现问题，探索解决问题，形成解释并实

① 聂辉华，贾瑞雪. 中国制造业企业生产率与资源误置［J］. 世界经济，2011（7）.

证检验的思路进行本书的研究，具体包括：首先，本书从对现实问题的发掘入手，对要素市场扭曲、创新与全要素生产率的国内外现有研究结果进行梳理分析，找到研究缺口与方向；其次，在分析要素市场扭曲、企业创新的形成机制与对全要素生产率的影响机理的基础上，构建全面的解释全要素生产率提升途径的理论框架，之后深入剖析中国要素市场扭曲现状、企业创新特征与经济发展水平的关系，综合考虑对全要素生产率提升造成影响的现实经济情况；再次，在大样本数据的前提下，尽可能对本书提出的理论框架进行检验，并对中国制造业全要素生产率水平、增长空间和提升途径进行宏微观角度的实证研究和解释；最后，本书量化影响全要素生产率变化的组成部分，确定影响其变动的微观渠道，并提出相应的政策建议。

1.2.2 研究方法

本书在对当前研究文献梳理研究，并在现有理论解释分析的基础上，构建理论模型，不仅从宏观角度进行总体把握，也从微观角度试图提供企业角度的解释，综合考虑影响全要素生产率变化的关键因素，并指出提升的途径和空间。具体包括：

（1）文献研究法

本书将在第二章对相关文献进行梳理、回顾和总结，在现有对要素市场扭曲、创新、全要素生产率的研究成果基础之上，厘清要素市场扭曲与全要素生产率的关系，创新与全要素生产率的关系，从微观视角与宏观视角总结导致变动的因素，并从中找到缺口和突破，确定本书的研究方向，确保本书研究有新意，对现有研究有推动。另外，中国全要素生产率的机理研究，也是基于新古典增长理论与内生增长理论的核心思想，结合中国的情况，更加全面完善地反映中国问题，解决中国问题。因此，文献研究法是本书的主要研究方法之一。

（2）理论建模法

理论建模法具体包含了理论机理分析和实证计量分析。理论机理分析是基础，在此前提之下进行实证计量分析。本书在现有文献研究的基础上，吸收相关经济学理论，全面整合现有研究中要素市场扭曲的表现和影响，及其对全要素生产率的作用途径和机制；重视企业创新的经济含义，及其对生产率水平的提升效用。在企业异质性的前提下，建立理论分析框架，并逐步引入要素市场扭曲、企业创新、企业进入退出动态环境，在一般均衡条件下，研究三者之间的关联程度和作用途径。

（3）实证分析法

本研究利用 1998 年至 2013 年中国工业企业数据库数据，首先采用 Levinsohn-Petrin（2011）半参数方法对产出弹性进行估计，得到对制造业中 28

个行业的产出弹性参数；其次在企业异质性前提下的垄断竞争模型计算得到中国的全要素生产率水平及影响渠道，并提出将生产要素的边际产出和边际成本的偏离程度定义为要素市场扭曲程度指标，并基于 Petrin 和 Sivadasan（2011）框架计算当前的要素市场扭曲对全要素生产率造成的影响，在此基础上通过大样本数据进行测算并指出全要素生产率的提升空间；最后采用 Probit 模型对企业创新选择进行实证，并分析其所有制差异。

（4）比较分析法

比较分析法包含了比较分析法和比较对照法，基于对研究对象的研究，区分辨别其共性和特性。本书在对中国制造业的全要素生产率的研究中，通过加总和分解，探求对全要素生产率造成影响的各种可能。不仅从宏观的角度衡量整体经济发展水平，分析全要素生产率的增长空间和损失程度，指明经济长期增长的驱动力，也从微观角度探究原因，找到微观解释，寻求微观特性。在从微观角度进行的研究中，涉及 1998 年至 2013 年制造业内几百万家企业的数据条目，数据内容庞杂。对制造业的要素市场扭曲、创新特征进行研究，对比分析行业之间、所有制之间、区域之间、国家之间的全要素生产率状况与提升途径。

1.3 研究内容与框架结构

1.3.1 研究内容

根据本书的研究对象和研究思路，围绕需要解决的问题，本书共包含了以下几个方面的内容：

第一章，导论。导论部分的内容包括根据现实背景提出本书研究的问题，探讨研究的突破口和价值点，制定研究内容、研究对象与研究框架，找到文章研究的突破口，体现创新点和重要性。这一章是对整个文章的简单概括和介绍，可以在正文开始之前，对文章研究内容有大致了解。

第二章，相关理论和文献综述。这一部分的内容包括对要素市场扭曲的概念、分类与测算方法回顾，要素市场扭曲、创新分别对全要素生产率的影响，以及全要素生产率的多视角变动渠道梳理。这一章是本书的理论起点，通过对现有文献的梳理寻找突破，体现研究的方向和重要性。这一章既是本书研究必要性的体现，也明确了后文展开理论分析和实证检验的方向。

第三章，要素市场扭曲、创新与全要素生产率的理论分析。这一部分在要素市场扭曲与企业创新的形成机制基础上，分析二者对全要素生产率的影响机制，并在初始经济体理论模型起点上，依次引入要素市场扭曲、企业创新、动态环境等要素，对模型进行扩展，在一般均衡条件下求解全要素生产率。这一章节考虑了多种经济现象，将构建的理论框架尽量贴近现实问题，同时将企业的生产率做内生化处理，更方便从加总角度和微观基础研究全要素生产率变动。

第四章，要素市场扭曲、创新与全要素生产率的机理分析。通过对比分析有无要素市场扭曲时、有无企业创新时的市场运行差异，分析其对全要素生产率构成的影响，同时在动态环境下考察二者对全要素生产率的影响和贡献程度，以及企业创新选择的决策依据。在理论分析框架的基础上，进行微观机制运行分析，为三者之间的实证研究提供理论支持。

第五章，中国现实问题的特征研究。归纳主要的生产要素市场扭曲现状及特征，并在此基础上，分析造成要素市场扭曲的历史由来与制度安排，探究中国企业创新在工业化中期时物质资本、人力资本与技术投入的特点，从政府政策、工业化水平、经济发展水平与创新技术水平角度分析对全要素生产率提升的障碍。本章是下一章实证研究的现实基础，为实证研究的设计和解释做好准备。

第六章，制造业全要素生产率加总分解的实证研究。对现有的生产率加总分解方法进行归纳和改进，对 1998 年至 2013 年的大样本数据库进行数据处理和分析，形成宏观层面加总的全要素生产率，并对其按照企业生产率、要素再配置效率与企业进入与退出净收益进行分解，运用比较分析方法研究跨行业、跨区域、跨国之间全要素生产率增长的关键因素。这一部分是对第三章理论框架和第四章微观运行机理的检验，也为之后提出提升全要素生产率策略提供依据和参考。

第七章，要素市场扭曲、企业创新与全要素生产率的实证研究。一方面，测度要素市场扭曲程度及企业所有制差异，探讨要素市场扭曲对全要素生产率的影响，并从要素市场扭曲角度研究全要素生产率的损失程度，并指明其增长空间；另一方面，分析了企业创新对全要素生产率的提升渠道和意义，并研究企业创新选择的现实基础。这一部分既是在第六章实证研究的进一步延续，也为第八章深化要素市场改革与推动企业创新政策提供支持。

第八章，全要素生产率提升的政策建议。这一章提出提升全要素生产率的重要性和紧迫性，并且指出提升的重点在于作为市场主体的企业创新能力的提升，难点在于持续推进要素市场的改革进程，建立运转良好的统一市场秩序，前提在于引导产业结构的转型升级，从产业布局和产业结构优化的角度引导市场资源合理布局。

第九章，研究结论与研究展望。这一章对本书的主要研究结论进行归纳，并在研究结论的基础上发掘其蕴藏的政治启示，然后针对本书的局限性提出未来研究的发展方向。

1.3.2 框架结构

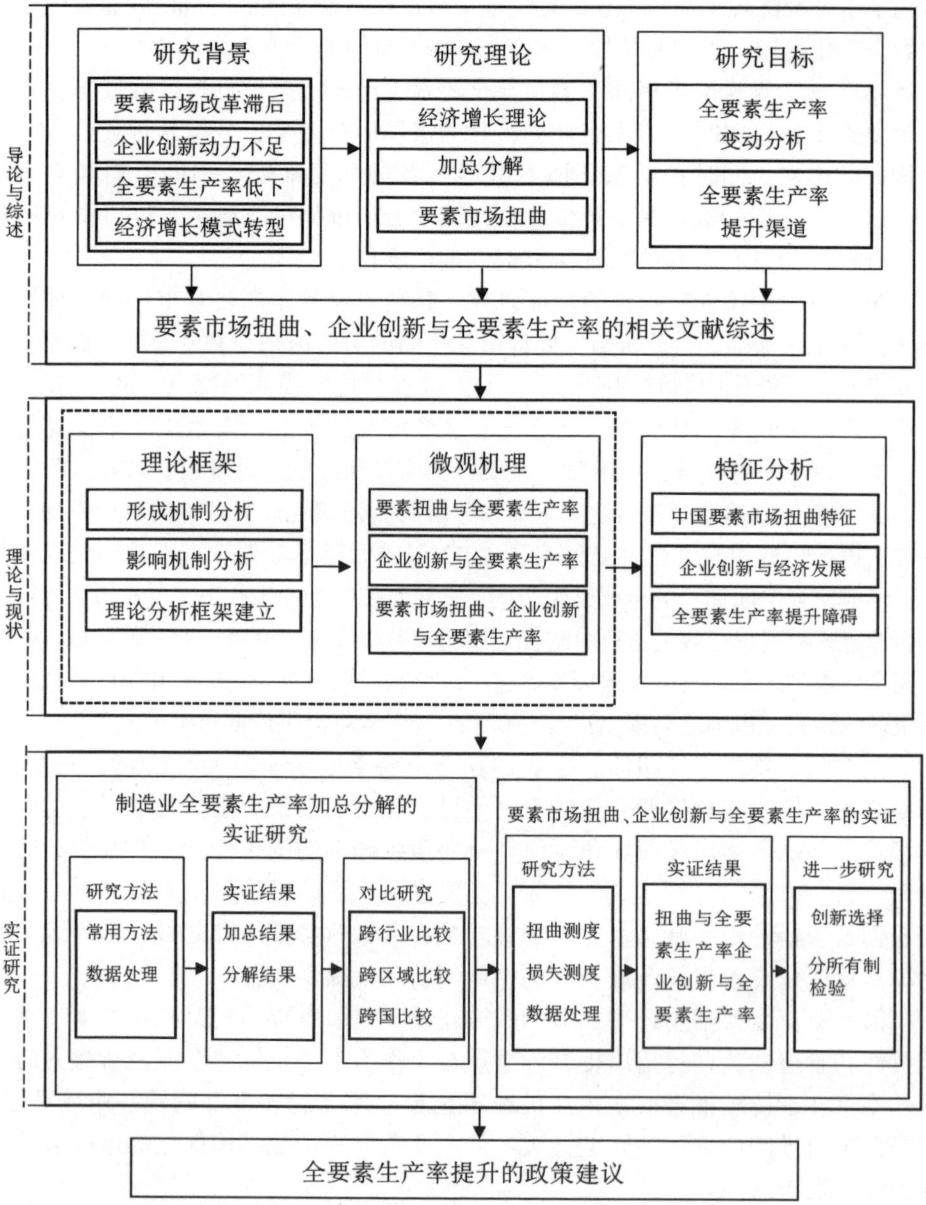

图 1-1 框架结构

1.4 创新之处

相比以往对于全要素生产率增长的研究，本书的创新之处主要体现在以下几个方面：

第一，通过要素市场扭曲对全要素生产率的损失途径和增长空间进行微观机理分析，分析企业创新对微观与宏观生产率水平的影响，指出全要素生产率的提升途径，结合内生经济增长理论中创新是经济发展的关键因素，与中国经济发展中生产要素市场的配置状况，构建了全要素生产率增长途径的理论分析框架，探究要素市场扭曲与企业创新构成影响脉络和内在逻辑，构建涵盖三者的统一理论体系框架，有别于以往多从要素市场或企业创新单方面对全要素生产率影响分析，有利于丰富全要素生产率增长理论。

第二，在理论分析的基础上，本书逐步增加影响全要素生产率、企业创新、企业进入和退出动态环境及要素市场扭曲，来考察每个因素对全要素生产率构成的影响脉络，不考虑具体的政策或造成扭曲的具体原因，而是通过偏离结果反映造成了要素市场扭曲的所有因素。同时对进入企业、退出企业的识别，实际资本存量，全要素生产率加总权重等参数进行校准和改进，克服现有对大样本数据处理和测度问题，从微观运行机理和宏观影响两个角度对全要素生产率的研究，对经济现状的把握和政策的准确制定具有一定的指导意义。

第三，从行业间、区域间、国家之间对比分析全要素生产率的提升途径，从微观和宏观两个维度探究中国全要素生产率的增长基础，从所有制差异区别国有企业与非国有企业的创新选择差异，更加系统辩证地从多角度、多层次研究提升效率差异，为理解向全要素生产率提升为主导的经济增长模式转变提供实证支持，为继续深化要素市场改革、加大力度鼓励企业创新，提出操作性高、针对性强、全面有效的的政策措施，具有一定的实践价值。

第2章 文献述评

在经济的发展进程中，总是伴随着这样的疑问：为什么国家之间有贫富差异？是什么造成了国家间的贫富差异①？从《国富论》开始，贫富差异的问题就是经济学界的热点问题，经济学家做了大量的工作与研究，仍没有得到满意的答案。索洛首次考虑了技术因素，并认为造成国家之间的差异主要是因为资本、劳动与全要素生产率。其后大量经济学家通过实证研究证实了这一观点，并认为全要素生产率是贫富差距的重要原因。但是全要素生产率是什么？全要素生产率为何产生差异？如何对国家造成影响？引发了经济学家的广泛关注。目前的研究主要集中在这两方面：一是生产技术方面，认为先进技术水平、创新行为、创新成果的运用造成了全要素生产率的差异②；二是要素方面，认为如果存在要素市场扭曲，则会导致资源配置低效，生产要素更多地被分配给了低生产率部门，高生产率部门得不到合理的要素配置，从而导致加总生产率的损失，进而造成全要素生产率的差异③。

本章在对现有文献的梳理和分析的基础上，以研究的核心问题为主线，既归纳现有的理论文献，也综述相关的实证研究。分别从要素市场扭曲、企业创新与全要素生产率三个方面入手，寻找现有研究的缺口和局限性，并指出本书的研究方向与研究重点。

---

① 亚当·斯密. 国富论［M］. 北京：商务印书馆，1972.

② Comin, D. Hobija. An exploration of technology diffusion［J］. The American Economic Riview, 2010 (5): 2031-2059.

③ Restuccia, D. Rogerson, Policy distortions and aggregate productivity with heterogeneous establishments［J］. Review of Economic Dynamics, 2008 (11): 707-720.

2.1　全要素生产率

生产率指的是生产要素的利用有效程度，即生产要素经过生产过程转变为实际产出的效率。宏观角度考察全要素生产率，即将各种生产资源投入国民经济的生产过程之后转变为总产出，二者比值就是全要素生产率。全要素生产率反映了要素市场的配置情况，也考察了创新、经济制度等一系列因素与经济发展的关系。

根据不同研究角度，生产率有部分要素生产率、全要素生产率和总生产率之分。部分要素生产率考察单一要素与产出的关系，也称为偏生产率；全要素生产率考察除要素投入后剩余部分与产出的关系；总生产率考察加总每一种要素和产出的关系。随着对生产率研究的日益深入，关于企业或行业甚至国家的全要素生产率的应用的计量手段也日益丰富，1960 年之前对于生产率的研究多运用优化法和微积分理论，21 世纪初期多运用集合法和凸性分析等数学理论，近年来多运用前沿面方法来进行研究。

2.1.1　企业异质性与资源再配置

对于全要素生产率的研究一直是经济学界的热点问题，伴随着实证研究方法的推进和新动向、微观层面数据的可获得性提高，近年来关于全要素生产率的研究呈现出新的研究方向和趋势，最主要的两个方面分别是企业异质性与资源再配置角度。

在对经济增长的研究过程中，从技术角度对全要素生产率的跨国差异性解释最为广泛，但随着研究的深入，大样本数据收集难度降低，发现企业生产率经常出现持续性的、离散化程度较大的分布情况，在一个行业内部，这种现象也较为普遍。对此在关于企业的异质性研究中，最有代表性的为 Melitz（2003）。根据 Melitz（2003）的研究，行业中企业生产率构成分布密度函数，而且生产率是外生的，之后也有很多研究，建立在异质性前提下，认为企业生产率由利润最大化来决定①②。Chad Syberson（2004）对美国同一行业内部的企业生产率差异进行研究，得出企业间的生产率差异十分显著的结论③。随着研究的深入，企业的异质性仅仅停留在生产率上不能满足解释企业之间的特征差异，更多的关于企业异质性的研究在多方面展开，其中最重要的研究是关于企业的产品品质、企业研发创新、行业特征方面。Kuger 和 Verhogen（2008）在产品品质差异的基础上构建异质性企业模型，研究认为全要素生产率水平高的企业往往是产品品质高的企业和定价高的企业④。Baldwin 和 Harrigan（2010）研究了距离、地理差异、企业规模、产品质量和全要素生产率之间的关系⑤。高凌云和王永中（2008）测算了 178 个国家的数据，验证了全要素生产率的异质性，并认为企业内非物化型的研发溢出效应对全要素生产率有正面影响⑥。施炳展（2011）引入产品品质因素，研究了地域差异和企业异质性、出口之间的关系⑦。殷德生等（2011）在国际贸易中，引入异质性企业与产品品质因素，研究了国际贸易、企业异质性、企业产品质量的关系⑧。王恕立和胡宗彪（2012）对中国服务业全要素生产率进行研究后认为，服务业企业的全要素生产率表现出显著的行业异质性，企业技术水平与技术效率是主导因素⑨。

关于企业间的资源再配置的研究，主要集中在一个行业内部的企业之间的资源再配置效率变化方面，而对于行业之间企业间的资源再配置的研究较少。Davis（1999）对美国整体劳动力再就业进行研究，认为在劳动力市场中，每年有 10%的就业岗位为新增岗位，同时有 10%左右的岗位被淘汰，而美国的

① Melitz M. J, Ottaviano G. I. P. Market size, Trade, Procuctivity [J]. Review of Economic Studies, 2008 (1): 295-316.

② Melitz M. J. The impact of Trade on Intra-Industry Reallocation and Aggregate Industry Productivity [J]. Economitrica, 2003 (6): 1695-1725.

③ Syverson C. M Market Structre and productivity: A concrete example [J]. Journal of Politial Economy, 2004 (6): 1181-1222.

④ Kugler M, Verhoogen E. The Quality Complementarity Hypothesis: Theory and Evidence from Colombia [R]. NBER Working Paper No. 14418.

⑤ Baldwin J. R. Death of Canadian manifacturing Plants: Heterogeneous Responses to Changes in Tariffs and Real Exchange Rates [R]. Economics Analysis Resarch Paper Series. 11F0027M.

⑥ 高凌云，王永中. R&D 溢出渠道、异质性反应与生产率：基于 178 个国家面板数据的经验研究 [J]. 世界经济，2008 (2).

⑦ 施炳展. 企业异质性、地理距离与中国出口产品价格的空间分布 [J]. 南方经济，2011 (2): 61-74.

⑧ 殷德生，唐海燕，黄腾飞. 国际贸易、企业异质性与产品质量升级 [J]. 经济研究，2011 (2).

⑨ 王恕立，胡宗彪. 中国服务业分行业生产率变迁及异质性考察 [J]. 经济研究，2012 (4).

劳动力再配置90%都在行业内进行，其余劳动力再配置发生在行业之间①。同时，Baldwin（2006）对劳动力岗位的研究发现，企业进入和退出市场对劳动力岗位变动带来的影响程度约为50%，且企业的生产率水平是造成企业决定留在市场还是退出市场的关键决定要素，企业生产率水平高会继续留在市场上，企业处于低水平生产率经营的会逐步选择退出市场②。Poirson（2010）对资源再配置研究时发现，生产率水平更高的国家其劳动力再配置效率也相应较高③。Peneder（2012）认为配置效率提升、结构优化对全要素生产率带来红利④。Wu. Y.（2014）对发展中国家的研究也得出同样观点。

考虑到企业存在异质性假设的前提下，全要素生产率既受到经济体内所有企业生产率的分布影响，也受到生产要素配置的效率影响。即使在企业生产率分布没有发生改变的情况下，生产要素配置优化使生产率高的企业得到更多的生产要素，也可以提高社会的总生产率，因此研究的微观视角与宏观视角非常重要。

2.1.2 全要素生产率：微观视角

从微观角度研究全要素生产率，即是从企业角度研究生产率水平，一般设定企业的生产函数形式，企业在此基础上组织生产和销售，最常用的是C-D生产函数。在估计企业生产率的过程中，经常存在以下两个方面的问题：一方面是内生性问题。因为企业在生产过程中，会根据自身特征对要素投入进行选择，所以最优的要素组合并不是完全随机的。当企业面临生产率的变动的正向冲击时，企业倾向于加大要素投入量来应对冲击。所以在使用最小二乘法来进行估计时，要素投入与随机项可能在某种程度上存在相关关系。除了要素投入量与随机项导致的内生性之外，内生性问题可能还存在于要素投入决策上。当企业处于动态经济当中，考虑企业的进入和退出时，企业面临一个负向的冲击，倾向于退出市场，那么在退出市场前，要素投入会与随机项存在相关关系。另一方面是遗漏价格引起的误差。在对企业层面的数据进行收集的过程中，通过企业自身的财务报表进行计算往往会存在不准确，或者缺乏数据的情况，一般通过行业价格指数和企业的销售收入等数据计算企业实际产出，但是

---

① Davis S. J. Gross job flows [J]. Handbook of Labor Economics, 1999 (3): 2711-2805.

② Baldwin J. R., Gu W. Plant utrnover and Productivity growth in Canadian Manufactruing [J]. Industrial and Corporate Change, 2006 (3): 417-465.

③ Poirson. Factor reallocation and growth in developing countries [M]. 2010.

④ Pender M. Structural Change and Aggregate Growth [R]. WIFO Working Paper. 2012: 174-199.

在计算过程中，企业定价、产出经常与要素投入存在相关关系，会带来生产函数中系数估计的偏差①。

在计算企业生产率时，早期常用的方法有固定效应回归模型（FEM），Hoch（1962）采用这种面板数据分析方法，比较特定项目之间的差异或者特定项目之间的交互作用，因为 FEM 假定条件比较苛刻，且没有考虑其他项目或类别的实验设计，之后产生了半参数方法（OP）来估计企业生产率。Olley、Paker（1996）和 ABBP（2007）的 OP 方法即是运用参数估计与非参数估计相结合，解决联立和选择偏误问题，用分段的方式考虑企业的生产函数，可以用来观察企业进入、退出两种阶段的特征②，但假定条件是企业的投资规模应为正值。之后 Levinson 和 Amil（2003）、Petrin 和 Jagadeesh（2003）、Ackerberg（2006）采用线性规划方法（LP）来研究企业生产率、线性约束条件下函数的极值问题。引入企业的中间投入量进入模型，保留了更多观测值，也更符合生产过程的实际情况③。Ackerberg、Caves 和 Frazer（2006）对 LP 方法进行检验后发现，LP 与 OP 都有共线性问题与系数估计偏差问题，在拓展半参数估计方法的基础上，提出了 ACF 方法④。由于在实际测度中，微观层面数据缺失非常普遍，Deloecker、Warzynaki 和 Gandhi（2012）提出了新的Deloecker方法，改进了这一问题⑤。Gandhi（2014）对生产过程中引入中间产品而引发的多重共线性问题进行识别和改善，推出了 GNR 方法。

2.1.3 全要素生产率：宏观视角

从宏观角度对全要素生产率的研究包括两个方面：全要素生产率的加总以及全要素生产率的分解。

从宏观角度考虑全要素生产率的加总，就是从整体的角度，看待经济体在目前投入的要素组合上，所能得到的最大产出。但当考虑到企业存在异质性⑥

---

① Van Beveren I. Total factor productivity estimation：A practical review［J］. Journal of economic surveys. 2012（1）：98-128.

② Olley, G. S., A. Pakes. The dynamics of productivity in the telecommunications equipment industry［J］. Econometrica, 1996（6）：1263-1297.

③ Ackerberg D. A., Caves K, Frazer G. Structrral Identifucation of Production Functions［R］. UCLA Working Paper, 2016.

④ Ackerberg, Daniel, Caves. Structural identification of production functions［J］. Munich Personal REPEC Archive, 2012（3）.

⑤ Deloecker J., Warzynski F. Markups and Firm level Export Status［J］. American Economic Review, 2012（6）：2437-2471.

⑥ 只考虑生产率的异质性。

时，直接通过总产出与要素投入来计算全要素生产率是难以成立的，因为公式的计算前提是C-D生产函数，而企业异质性前提下，很难找到一个代表性企业。因此，在计算经济体的全要素生产率时，更常用的办法是从微观的企业生产率角度出发，计算加总的全要素生产率，加总时权重的选取有多种方法，一般采用企业的销售所占份额表示，也有使用要素投入所占份额来表示，无论采取哪种加权方式，得到的加总层面的全要素生产率应该与总产出与要素投入之比求得的全要素生产率相等。

目前，对于全要素生产率分解的研究方法为Baily（1992）提出的BHC分解方法，它基于加权平均计算加总结果的基础上，将其分解成企业内效应，反映不同期企业生产率对加总层面的作用，企业间效应反映不同企业的不同生产率对加总层面的影响，交叉效应是前两种机制的交叉影响，最后还包括进入退出效应[①]。之后通过大量的实证研究丰富和完善，使之成为运用最广泛的分解方法。Bartelsman和Pages（2004）运用扩展的BHC方法，研究认为企业间效应对加总的全要素生产率具有较低影响，企业内效应对加总层面的影响是主导性质的[②]。Pierre和Scarpetta（2009）、Griffin和Odaki（2009）对拉丁美洲国家和日本进行研究后发现，企业内效应对加总的全要素生产率影响较大[③]。在BHC的基础上Griliches和Regev（2006），W. Foster（2009）等进行了改进和拓展。形成了目前最有代表性的分解的主要方法类别[④]。

除此之外，目前还有很多新出现的分解方法，适应性更广，更贴近现实经济环境。Nishida（2014）提出了体现要素配置效率的分解方法，认为劳动力市场的优化配置提供了更大的贡献率[⑤]。Melitz（2015）认为企业间市场份额的变化，也起到了积极的促进作用。

---

① Baily M. N., Hulten C., Campbell D. Productivity dynamecs in manufacturing plants [J]. Brookings paper on economic activity, 1992 (2): 182-267.

② Bartelsman E. J. Scarpetta S. Microeconomic evidence of creative destruction in industrial and developing countries [R]. Tinbergen institute discussion paper, 2004.

③ Pierre G. Scarpetta S. Job creation in Latin America and the Caribbean: recent trends and policy challenges [R]. World Bank Publication, 2009.

④ H Regev. The Griliches-Regev Longitudinal Panel of Israeli Manufacturing Firms (1955-1999) [M]. 2009.

⑤ Nishda M, Petrin A, Polanec S. Exploring reallocation's apparent weak contribution to growth [J]. Journal of Productivity Analysis, 2014 (2): 187-210.

2.2 要素市场扭曲与全要素生产率

由于现有的文献研究，多暗含要素市场最优配置的假定，而与基于现实的经验研究结果发生背离，因此对于要素市场配置效率的研究越来越受到关注。研究主要从要素市场扭曲产生的原因、测度方法和角度、要素市场改革的历史轨迹，以及要素市场扭曲对全要素生产率的影响等方面进行，来理解当前要素市场扭曲现状下的全要素生产率的变化。

2.2.1 关于要素市场扭曲的研究

对要素市场扭曲的研究众多，主要集中在对要素市场扭曲的类型划分、造成扭曲现状的成因与测度方法上。

（1）要素市场扭曲的类型研究

对于要素市场扭曲的最常见的研究内容集中在对主要要素市场扭曲现状上，按照不同生产要素市场呈现出不同的扭曲特征与表现方式，文献从劳动力因素、资本因素、政策因素以及其他因素展开。

在对要素市场扭曲的研究中，过去的大多数研究都考虑了要素市场现状的整体扭曲，对劳动力市场的研究不足，一是因为要素市场中资本要素市场更引发关注且扭曲程度更高，二是为了简化模型便于计算，多数集中在一种生产要素即资本要素的分析上。但随着发展中国家在经济发展中出现的诸多现实问题，以及出现了非常严重的劳动力扭曲现状，简单对劳动力市场扭曲问题的忽视，不能满足我们对现实情况的解释和研究。最早对工人失业的问题研究当中，Attanasio 和 Padoa（1991）通过对欧洲七国的劳动力流动性、工资差异与失业率的关系进行实证研究，认为失业率连续多年的上升原因并不只是结构性失业①，但并没有研究得出失业率上升的具体原因。而 Barnichon 和 Figura（2011）在此基础上，研究了失业率产生的动态特征，再次就业的匹配效应，认为失业率的影响因素包括人员构成，尤其是劳动力市场的分散状况②。Song

① Attanasio O P，Padoa-Schioppa F. Regional Inequalities，Migration and Mismatch in Ltaly，1960-1986［J］. Mismatchand Labour Mobility，1991（5）：237-320.

② Barnichon R，Figura A. What Drives Matching Efficiency. A tale of Composition and Dispersion［R］. Finance and Econ-imic Discussion Seriesno，2011：1-19.

(2011) 最早定义了劳动力市场扭曲，即劳动力理想状况下的最优配置与实际配置的差距[①]。在此理论基础上，进行了一系列实证研究。Alvarez 和 Shimer (2011)、Carrillo. Tudela 和 L. Visscher (2011)、Tan Ai Wei (2012) 通过分析英国和美国的劳动力市场，建立了劳动力市场扭曲的动态模型[②]，来分析失业人口的决策对失业率产生的影响[③④]。Song (2011) 在研究了美国失业率上升的现状后，建立了描述劳动力市场扭曲程度的指数，开始了对劳动力市场扭曲程度的量化研究。Nick Draper 和 ED Westerhout (2015) 对英国的劳动力市场扭曲程度进行研究，发现企业养老金、退休金计划也对劳动力市场扭曲构成影响[⑤]。Micco 和 Repetto (2012) 研究了智利 30 年间的劳动力要素扭曲与全要素生产率的关系，并指出劳动力的扭曲给智利的经济增长带来了很大的负面影响。F Liu 和 X Yi (2017) 对 2001 年中国加入 WTO 后的劳动力市场扭曲进行研究，发现市场化程度的提升缓解并改善了扭曲现状[⑥]。至此逐步展开了对发展中国家现实问题的研究。

我国对劳动力要素市场扭曲问题的关注始于 20 世纪 90 年代，早期研究主要集中在城乡劳动力的二元市场分割问题上，赖德胜 (1996)、朱镜德 (1999) 根据我国劳动力市场的特征，将其划分为不同类型上的细分市场[⑦⑧]。李建民 (2002) 认为我国的劳动力市场分割存在包括地区之间、城乡二元、部门行业、正式从属等多种维度上[⑨]。随着我国经济发展与劳动力的流动性增强，郭丛斌 (2004)、陈弋 (2005)、张昭时 (2009) 实证研究了我国二元制的劳动力市场[⑩]，发现所有制对劳动力要素配置产生影响[⑪⑫]。在此基础上，近

---

① Song J, Topa G, Violante G. Measuring Mismatch in the US Labor Market [C]. 2012 Meeting Papers. Society for Economic Dynamics, 1973.

② Tan Ai Wei. Developing a Marketing Plan For Hertz China [D]. University of Nevada Las Vegas.

③ Alvarez F, Shimer R. Search and Rest Unemployment [J]. Econometrica, 2011 (1): 75-122.

④ Carrillo-Tudela, L. Visscher. Mismatch in the Labor Market: Evidence from the U. K. and the U. S [J]. International Economic Review, 2011.

⑤ Nick Draper, ED Westerhout. Defined benefit pension schemes: a welfare analysis of risk sharing and labour market distortions [J]. Journal of Pension Economics & Finance, 2015 (7).

⑥ F Liu, X Yi, Z Yu. Structural change in China: the role of factor market distortions [J]. Journal of Chinese Economic and Business: 2016 (1), 185-204.

⑦ 赖德胜. 论劳动力市场的制度性分割 [J]. 经济科学，1996 (6).

⑧ 朱镜德. 中国三元劳动力市场格局下的两阶段乡城迁移理论 [J]. 中国人口科学，1999 (1).

⑨ 李建民. 中国劳动力市场多重分隔及其对劳动力供求的影响 [J]. 中国人口科学，2002 (2).

⑩ 郭丛斌. 二元制劳动力市场分割理论在中国的验证 [J]. 清华大学教育研究，2004 (4).

⑪ 陈弋，Sylvie Demurger，Martin Fournier，杨真真. 中国企业的工资差异和所有制结果 [J]. 世界经济文汇，2005 (6).

⑫ 张昭时，钱雪亚. 中国劳动力市场分割的两重二元性：理论与现实 [J]. 学术月刊，2009 (8).

些年对劳动力市场扭曲的研究主要集中在劳动力的扭曲测度上，主要运用的方法包括两种：一是经济指标法，胡凤霞（2011）计算国有制与非国有制劳动力比值，正规就业人数与非正规就业人数比值①，樊纲（2011）的市场化进程指数、袁志刚（2011）的劳动力摩擦系数都在描述劳动力市场要素配置扭曲程度中得到广泛应用②；二是利用边际产出与实际收益比值来衡量。朱喜（2011）、盖庆恩（2013）量化劳动力市场扭曲同劳动生产率之间的关系③④。陈彦斌和马啸（2015）认为资本市场扭曲程度远高于劳动力市场，劳动力市场扭曲现状受到所有制、行业和地区等因素的影响⑤。高帆和汪亚楠（2016）通过对省际面板数据的实证研究，提出提高劳动力市场化程度、重视城乡间社保配置均等有利于缓解劳动力市场扭曲程度⑥。在对我国劳动力扭曲问题研究中，基本认定我国的劳动力市场存在要素扭曲现状，且经济体制、户籍制度、所有制是我国劳动力市场扭曲的主要原因。

在以要素市场主要构成为标准进行划分的类别中，资本市场是企业生产最关键的投入要素，也是目前研究当中，数量最多、受关注最多的类型。从20世纪90年代起，Banerjee和Newman（1993）、Aghion（1997）、Piketty（1997）等开始对资本市场不完善进行研究，并指出融资问题对经济增长的不利影响⑦⑧⑨。Banerjee和Munshi（2004）、Matsuyama（2007）研究了金融市场与资本配置的关系，投资需求增加使得资本要素生产率上升⑩⑪。Buera

① 胡凤霞，姚先国. 城镇居民非正规就业选择与劳动力市场分割［J］. 浙江大学学报，2011（1）.

② 袁志刚，解栋栋. 中国劳动力错配对TFP的影响分析［J］. 经济研究，2011（7）.

③ 朱喜，史清华，盖庆恩. 要素配置扭曲与农业全要素生产率［J］. 经济研究，2011（5）.

④ 盖庆恩，朱喜，史清华. 劳动力市场扭曲、结构转变和中国劳动生产率［J］. 经济研究，2013（5）.

⑤ 陈彦斌，马啸. 要素价格扭曲、企业投资与产出水平［J］. 世界经济，2015（9）.

⑥ 高帆，汪亚楠. 劳动力市场扭曲与城乡消费差距：基于省际面板数据的实证研究［J］. 学术月刊，2016（12）.

⑦ Banerjee A V, Newman A F. Occupational Choice and the Process of Development［J］. Journal of Political Economiy, 1993（3）：274-298.

⑧ Philippe Aghion, Patrick Bolton. A Theory of Trickle-Down Growth and Development［J］. Review of Economic Studies, 1997（2）：151-172.

⑨ Thomas Piketty. The Dynamics of the Wealth Distribution and the Interest Rate with Credit Rationing［J］. Review of Economic Studies, 1997（2）：173-189.

⑩ Banerjee A, Munshi K. How Efficiently Is Capital Allocated Evidence from the Knitted Garment Industry in Tirupur［J］. The Review of Economic Studies, 2004（1）：19-42.

⑪ Matsuyama. Credit Traps and Credit Cycles［J］. AMERICAN ECONOMIC REVIEW, 2007（3）：503-516.

(2010)、Song (2012) 从微观角度研究了资本扭曲的经济效应和影响范围[①]。Jeong 和 Townsend (2007)、Midrigan 和 Xu (2009) 开始从宏观角度研究资本扭曲对全要素生产率的影响程度[②③]。目前的研究基本得出一致性结论，认为资本市场扭曲确实造成了全要素生产率的损失，但损失的程度没有得到共识。Dollar 和 JinWei (2007) 通过微观角度研究中国企业的资本获得途径，认为中国存在资本市场扭曲，且在不同所有制、地区和部门之间存在显著差异[④]。Banerjee (2010) 认为资本市场扭曲导致企业进入退出障碍，外延型的扭曲结果对全要素生产率的影响不容忽视[⑤]。Ziebarth (2012) 研究了美国 20 世纪 30 年代的全要素生产率持续下降的原因，认为可以由资本市场扭曲解释 50%以上[⑥]。Song (2012)、Wu Yanbing (2012) 分别比较关于企业全要素生产率上中国企业的所有制差异，国有企业更容易得到融资，但生产率普遍偏低，而非国有企业不容易得到融资，但生产率普遍较高，宏观的全要素生产率体现的高损失局面由这两方面因素共同作用[⑦]。

国内对资本市场扭曲现状已经基本达成共识，近年来的研究主要集中在实证分析及量化扭曲程度上。鄢萍 (2012) 通过研究微观企业数据，得出结论，资本市场扭曲的主要原因是利率差别、不可逆的投资与调整成本，其中利率差别影响力最大[⑧]。张佩和马弘 (2012) 也通过微观企业数据，指出资本市场扭曲在企业层面的作用被低估，中国的全要素生产率损失源于微观资本市场扭曲[⑨]。王林辉 (2014) 分行业研究了资本市场扭曲的原因，认为金融系统的垄

---

① Yongseok Shin, Roberto Fattal Jaef, Francisco J. Buera. The Anatomy of a Credit Crunch [C]. 2010 Meeting Papers 1190, Society for Economic Dynamics.

② Jeong, Townsend. Sources of TFP growth: occupational choice and financial deepening [J]. Economic Theory, 2007 (1): 179-221.

③ Midrigan, Xu. Finance and Misallocation-Federal Reserve Bank of St. Louis [R]. In a previous version of the paper.

④ David Dollar, Shang-Jin Wei. Das (Wasted) Kapital: Firm Ownership and Investment Efficiency in China [R]. IMF Working Papers, 2007 (9).

⑤ Banerjee. Pitfalls of Participatory Programs: Evidence from a Randomized Evaluation in Education in India [J]. American Economic Journal: Economic Policy, 2010 (2): 1-30.

⑥ Ziebarth (2012). Are China and India Backwards Evidence from the 19th Century U. S. Census of Manufactures [J]. Clin Orthop Relat Res., 2012 (8): 227-249.

⑦ Wu Yanbing. The Dual Efficiency Losses in Chinese State-Owned Enterprises [J]. Economic Research Journal, 2012 (3).

⑧ 鄢萍. 资本误配置的影响因素初探 [J]. 经济学 (季刊), 2012 (2): 489-520.

⑨ 张佩, 马弘. 信贷约束与资源错配——来自中西的经验证据 [J]. 清华大学学报 (自然科学版), 2012 (9): 1303-1308.

断性导致资本流动性下降，从而导致资本市场扭曲[①]。尽管近年来的研究认识到国内资本市场存在的问题，但是对资本市场扭曲所带来的影响，并未得出统一结论。一部分研究认为资本市场扭曲是中国要素市场扭曲的最大构成，王文和孙早（2015）对1993年至2011年制造业分行业研究，发现资本市场扭曲更加严重，造成全要素生产率损失40%，尤其装备制造业所占比例更大。张建华（2015）认为金融部门对资本市场的扭曲问题占主要责任[②]。另一部分研究并不认为资本扭曲是造成中国全要素生产率损失的最重要原因，而政策偏向、能源因素和劳动力市场扭曲都是中国要素市场扭曲的重要组成。张天华和张少华（2016）采用倾向得分匹配方法，并在Hsieh和Klenow（2009）的基础上，得出政策扭曲不仅影响了生产要素的配置效率，并且影响了企业分布、产能过剩，造成企业效率损失的所有制差异[③]。张江洋和袁晓玲（2015）认为提高企业的能源利用度，通过出口、发展扩大企业规模、继续深化国有企业改制可以改善要素市场扭曲程度[④]。杨振兵和张诚（2015）从工业部门的工资扭曲的影响因子测算，提出现有研究低估了劳动力市场的实际工资扭曲程度，行业竞争性增强、创新强度增加、外资与民营企业进入有利于改善劳动力市场扭曲恶化[⑤]。

根据动态环境标准，即考虑企业可以自由地进入和退出，可以划分为内涵型与外延型。Restuccia和Rogerson（2008）、Hsieh和Klenow（2009）认为内涵型指的是不考虑企业的进入和退出，只考虑稳定经济状态下的要素市场[⑥]，生产要素只在市场内部进行配置，没有企业退出生产，也没有新进入企业。根据新古典经济学定义，如果企业生产技术是凸性的，市场中所有企业的生产要素的边际成本应该相等，即不存在要素市场扭曲。如果所有企业的生产要素的边际成本不相等，且呈现高度离散分布状态[⑦]，即存在要素市场扭曲。

Romer（1990）、Banerjee A（2010）将外延型要素市场扭曲定义为在考虑企业进入和退出的动态环境时，生产要素不仅仅在市场内部现存企业之间进行

① 王林辉，袁礼. 资本错配会诱发全要素生产率损失吗［J］. 统计研究，2014（8）：11-18.

② 张建华. 资源错配对经济增长的影响及其机制研究进展［J］. 经济学动态，2015（1）.

③ 张天华，张少华. 偏向性政策、资源配置与国有企业效率［J］. 经济研究，2016（2）.

④ 张江洋，袁晓玲. 能源扭曲对全要素生产率的影响及对策研究［J］. 经济问题探索，2015（11）.

⑤ 杨振兵，张诚. 中国工业部门工资扭曲的影响因素研究——基于环境规制的视角［J］. 财经研究，2015（9）.

⑥ Hsieh C, Klenow P. J. Misallocation and manufacturing TFP in China and India［J］. Quarterly Journal of Economics, 2009（4）：1403-1448.

⑦ Restuccia, Rogerson. Cross-country and within-country differences in the business climate［J］. International Journal of Industrial Organization, 2010（7）：368-371.

配置，不断有现存企业退出市场，不断有新企业进入市场，要素配置也发生在进入市场和退出市场的企业之间①。在考虑企业进入和退出的动态环境前提下，低于全要素生产率临界水平的企业入不敷出，难以继续维持经营，选择退出市场；而高于全要素生产率临界水平且处于市场外的企业，拥有预期的未来利润，选择进入市场竞争②。Banerjee（2005）、Banerjee和Moll（2010）认为，在考虑企业进入和退出的动态环境时，要素市场扭曲会造成以下两种结果③，一是扭曲进入壁垒，二是扭曲规模报酬。由于进入壁垒的存在，高于全要素生产率临界水平的企业难以进入市场，由于政府补贴政策，低于全要素生产率临界水平的企业仍能维持经营，而导致现行经济体内维持了较低水平的全要素生产率，全要素生产率的损失增加。若不存在扭曲导致的进入壁垒，市场通过引入高于现行全要素生产率临界水平的企业，使低于全要素生产率临界水平的企业及时停产离场，则会显著提升现行经济体内的整体全要素生产率水平。规模报酬指的是在某些市场中，可能存在规模报酬递增或者规模报酬递减的情况，如果按照边际报酬相等来进行资源配置，则会产生两种情况：规模报酬递增的企业投入难以满足需求，潜在的生产力水平未得到充分发挥，而规模报酬递减的企业投入却大于需求，投入的不合理也不能带来生产率水平的提高。按照边际报酬不变的原则来配置生产要素不能实现最大化产出的目标，而给规模报酬递增的企业配置更多的生产要素来满足要素需求则可以提高产出，这种现象都成为外延型扭曲的结果。

除此以外，根据不同的分类标准，还可以得到其他分类，比如按行业划分可分为：制造业、能源产业、服务业等；按照地域划分可分为：省际之间、东西部、跨国比较等；按照经济效应划分可分为：资源配置效率、全要素生产率、福利、对外贸易、规模经济等。

（2）要素市场扭曲的成因分析

当前关于要素市场扭曲的来源和主要因素认为是市场分割、垄断势力与政府干预等，尤其是市场分割对要素市场配置效率的影响最为直接客观，且与一国的制度安排密不可分。市场具有自由流动性是要素达到优化配置的前提，如果市场流动性降低或流动性障碍，要素市场将会出现扭曲现象。Doeringer和Piore（1971）、Tobin研究了劳动力市场存在市场分割，主要劳动力市场工资

---

① Banerjee A. V, Moll B. Why Does Misallocation Persist. American Economic Journal, 2010 (2): 189-206.

② Romer. Are Nonconvexities Important for Understanding Growth [C]. NBER Working Paper No. 3271.

③ Banerjee Abhijit V, Duflo Esther. Growth theory through the lens of development economics [Z]. Handbook of Economic Growth, 2005 (1).

高于次要劳动力市场工资，并首先提出了关于劳动力的分割现象①。Dickens和Lang（1988）证实了这一结论，并指出次要市场劳动力在向主要市场转移时，具有流动性壁垒②。Restuccia（2007）认为市场分割导致企业的信息不对称，进而使得资源配置效率与进入退出行为受到扭曲③。B Jovanovic（2014）也认为市场分割造成劳动力水准不能得到统一判定，从而导致劳动力配置效率较低④。

我国由于各级政府的政绩考核机制、制度安排与阶段性政策目标不尽相同，导致市场的分割现象尤其明显。比如许经勇（2008）认为城乡二元结构造成劳动力市场存在着明显分割，而资本市场由于企业的不同所有制类型差异，也存在着获得资本难易程度的显著差别⑤。王学庆（2013）认为我国在改革开放初期实行的价格的双轨制，明显是人为进行的市场分割⑥。踪家峰、周亮（2013）、金培振和张亚斌（2015）对要素市场分割引起的要素市场扭曲进行量化，并得出中国典型的要素市场扭曲的区域差异⑦，消除区域间要素市场分割是提高配置效率的关键途径⑧。王宋涛和温思美（2016）在中国工业企业数据库的基础上构建了279个城市的要素市场扭曲指数和要素分割指数，量化了中国经济发展现实中市场分割的表现，及其导致的扭曲现状⑨。

垄断势力的存在，使得完全竞争条件下取得的均衡难以维持。西方国家对于垄断势力造成扭曲现状的研究，多集中在工会角度上。Roland（1997）、Fisher和Waschik（2000）研究了工会作为劳动力市场上重要的垄断势力，与要素需求方进行谈判，使扭曲现状与整体经济效率恶化⑩。

我国在土地市场上，因为政府的垄断地位，在一级市场上有绝对的控制

① Peter B. Doeringer, Michael J. Piore. Internal Labor Markets and Manpower Analysis [J]. Business & Economics, 1971 (8): 201-212.

② Dickens, W. T, Lang K. The Reemergence of Segmented Labor Market Theory [J]. American Economic Review, 1988 (2): 129-134.

③ Restuccia. Policy Distortions and Aggregate Productivity with Heterogeous Pants [C]. Unversity of Toronto. Depatment of Economics, 2007.

④ B Jovanovic. Misallocation and Growth [J]. American Conomic Review, 2014 (4): 49-71.

⑤ 许经勇. 农民收入增长缓慢与要素市场发育滞后问题研究 [J]. 经济经纬，2008 (1).

⑥ 王学庆. 中国“价格改革”轨迹及其下一步 [J]. 改革，2013 (12).

⑦ 踪家峰，周亮. 市场分割、要素扭曲与产业升级——来自中国的证据（1998—2007）[J]. 经济管理，2013 (1).

⑧ 金培振，张亚斌. 区域要素市场分割与要素配置效率的时空演变及关系 [J]. 地理研究，2015 (5).

⑨ 王宋涛，温思美. 市场分割、资源错配与劳动收入份额 [J]. 经济评论，2016 (1).

⑩ Fisher T. C., R. G. Waschik. Union Bargaining Power, Relative Wages, Efficiency in Canadian [J]. Canadian Journal of Economics, 2000 (8): 742-765.

权，政府部门倾向于人为地压低土地价格来进行招商引资，也可以轻易地改变土地的使用权限，拟定低于市场成本的补偿方式获得农用土地。在矿产开放方面，政府也作为唯一的垄断势力，采用授权分配的方式划分矿产资源或能源资源，且忽视污染治理等隐性成本，而导致能源市场扭曲。崔军和杨琪（2014）认为由于地方政府出于对土地财政收入的追求，导致中国土地市场出现严重的扭曲现状①。林金钟和丁诗诗（2015）对政府的垄断地位造成的不同所有制企业之间资源配置差异进行量化分析。李承政（2015）和黄健柏（2015）对农业用地、工业用地和不同所有制企业要素配置效率水平进行实证检验，认为政府作为土地市场上的垄断力量使得生产要素配置具有了明显的扭曲②③。

在政府干预下，要素市场价格不是市场形成的均衡价格，不能起到最优的资源配置效果，由于政府的父爱色彩，总是倾向于贴补亏损企业，对企业自由进入和退出构成影响，正是这样的财政补贴或者优惠贷款，形成了要素市场扭曲以及全要素生产率的降低，而这样的情况，在发展中国家较为常见。麦金农（1988）对金融市场的研究也证实了这一结论，发展中国家往往通过人为压低贷款利率、本国币值增值，来加速工业化进程，但结果造成了金融市场扭曲，丧失了市场的内在调节机制，降低了市场配置效率④。政策干预指的是政府通过政策手段对生产要素的优化配置造成障碍，主要的方式有两种，一是通过税收政策，二是通过补贴政策。政府干预短期上可以达到刺激某类型企业快速发展的目标，长期却使企业保持在较低的生产率水平，进而使得整体经济的全要素生产率下降。Guner、Ventura 和 Xu（2008）以微观视角分析并指出，偏向扶持中小型企业的补贴政策，影响了正常企业规模的变化，并使得生产要素配置向生产率低的小企业倾斜，导致配置低效⑤。Bartelsmann 和 Haltiwanger（2006）认为政策干预不仅对国内企业构成偏向性影响，同样政策干预也存在于跨国企业中⑥。Yang（2011）研究了政策干预不仅会造成配置效率降低，还

---

① 崔军，杨琪. 新世纪以来土地财政对城镇化扭曲效应的实证研究——来自一二线城市的经验证据［J］. 中国人民大学学报，2014（1）.

② 李承政，顾海英，史清华. 农地配置扭曲与流转效率研究——基于 1995—2007 年浙江样本的实证［J］. 经济科学，2015（3）.

③ 黄健柏，徐震，徐珊. 土地价格扭曲、企业属性与过度投资——基于中国工业企业数据和城市地价数据的实证研究［J］. 中国工业经济，2015（3）.

④ 罗纳德，麦金农. 经济发展中的货币与资本［M］. 上海：三联书店，1997.

⑤ Guner N，Ventura G，Xu Y. Macroeconomic Implications of Size-dependent Policies［J］. Review of Economic Dynam-ics，2008（4）：721-744.

⑥ B anerjee A，Munshi K. How Efficiently Is Capital Allocated Evidence from the Knitted Garment Industry in Tirupur［J］. The Review of Economic Studies，2004（1）：19-42.

会影响企业正常的进入与退出，形成要素市场的外延型扭曲[①]。D. Gamage (2014) 认为现实经济中的实际税收歧视和避税可能完全隐藏在真实环境中，从而对企业经营造成不可估计的影响[②]。而涉及的对要素市场造成扭曲后果的政策不仅仅包括 Allen (2013) 提出的所有值歧视[③]，Burea (2011) 指出的金融市场的政策倾向造成的运作失常，Lileeva、Trefler (2010) 和 Tombe (2012) 提出的对外贸易中，一国和多国政策和措施造成的贸易壁垒[④]，还包括一系列相关的不恰当的政策或是体制因素有关的政府措施[⑤]。Guiying 和 Laura Wu (2017) 认为政策干预是造成要素市场扭曲的最重要原因，中国要素市场扭曲中由政策因素影响构成的达到 30%[⑥]。

我国基于快速发展经济的动力，在特殊背景下，开始了重工业优先发展之路，对于工业这一典型的资本密集型产业来说，我国政府的措施即压低中间商品投入价格与降低利率。林毅夫 (2004) 考察了中国经济优先发展重工业的历史背景，即扭曲生产要素价格水平来为重工业发展提供优惠政策[⑦]。周立 (2002)、卢峰 (2004) 对我国现行利率水平研究后发现，官方利率被显著低估，而中小企业的实际贷款利率远远高于现行利率[⑧⑨]。邢春冰 (2005) 分析了中国制造业劳动力的收入，发现不同所有制之间的收入决策机制存在差异[⑩]。林毅夫 (2006)、林毅夫 (2010) 认为政府采用的经济促进策略，有违于我国资本稀缺而劳动力充足的禀赋，降低了经济效率，导致了要素市场扭曲[⑪⑫]。除了中央政府干预经济之外，地方政府因为财税体制与政绩考核等原

---

① Yang M. J. Micro-level misallocation and selection: estimation and aggregate implications [R]. UC Berkeley Working Papers, 2011.

② D. Gamage. On Double-Distortion Arguments, Distribution Policy and the Optimal Choice of Tax Instruments [M]. 2014.

③ Allen. Definition and scope for positive behaviour support [J]. Discover the world's research, 2013 (1).

④ Alla Lileeva, Daniel Trefler. Improved Access to Foreign Markets Raises Plant-Level Productivity for Some Plants [R]. NBER Working Paper No. 13297, 2007 (8).

⑤ Diego Restuccia, Gerson. Richard. Misallocation and productivity [J]. Review of Economic Dynamics, 2013 (1): 1-10.

⑥ Guiying LauraWu. Capital misallocation in China: Financial frictions or policy distortions [J]. Journal of Development Economics, 2017 (1): 203-223.

⑦ 林毅夫，刘明兴，章奇. 政策性负担与企业的预算软约束：来自中国的实证研究 [J]. 管理世界，2004 (8).

⑧ 周立，胡鞍钢. 中国金融发展的地区差距状况分析 (1978—1999) [J]. 清华大学学报，2002 (2).

⑨ 卢峰，姚洋. 金融压抑下的法治、金融发展和经济增长 [J]. 中国社会科学，2004 (1).

⑩ 邢春冰. 不同所有制企业的工资决定机制考察 [J]. 经济研究，2005 (6).

⑪ 林毅夫，潘士远，刘明兴. 技术选择，制度与经济发展 [J]. 经济学季刊，2006 (3).

⑫ 林毅夫，龚强. 发展战略与经济制度选择 [J]. 管理世界 2010 (3).

因，也在各地政府形成了新的扭曲形态。郑毓盛（2003）、Zhang（2007）研究了要素市场的地区性扭曲，造成这样扭曲市场的原因，则是各地政府对于财政收入的追求①②。Young（2000）认为各个地区普遍出现偏离比较优势的发展模式，是因为以GDP为核心的政治考核机制造成的③。邵敏（2012）研究了政府的招商引资行为使得劳动力市场扭曲，并使得劳动力价格被压低，降低社会福利④。施炳展（2012）认为对内改革与对外开放是造成要素市场扭曲的背景，企业通过生产成本降低，进而国家政策大力促进出口，将一部分低成本生产要素带来的收益让渡给国外消费者。其中，三资企业扭曲程度最高⑤。毛其淋（2013）认为要素市场扭曲是我国经济转型时期的特殊状态。中小企业因为更多地对外贸易可获得税收补贴等优惠待遇，而贸易自由化程度越高，则可以逐步降低政策带来的要素市场扭曲⑥。孙军（2015）研究了能源行业的发展状况，在政治考核的背景下，发现在2012年共有25个省份着力推动新能源设备的开发，提供补贴、优惠税收、压低土地价格和能源价格，导致产能过剩、市场低效、要素市场扭曲。因为政府加入了盲目引资的竞争中，采取各种措施来降低生产成本⑦。柏培文和杨志才（2016）指出为了降低长三角的政策扭曲程度，应继续提高市场化程度，提高对外开放度⑧。蒋为（2016）认为增值税率差异是制造业生产率离散程度高、生产要素配置效率低下的关键因素⑨。

（3）要素市场扭曲的测度

本书将要素市场扭曲的测度按照测度角度的侧重，分为微观视角与宏观视角方法。具体划分如表2-1所示：

---

① 郑毓盛，李崇高. 中国地方分割的效率损失［J］. 中国社会科学，2003（1）.

② Zhang X, Tan K Y. Incremental reform and distortions in China product and factor markets［J］. The World Bank Economics Review, 2007（2）：279-299.

③ Young A. The razor edge：Distortions and indtrmenral reform in the Peoples Republic of China［J］. The Quarterly Journal of Economics, 2000（4）：1091-1135.

④ 邵敏，包群. 外资进入是否加剧中国国内工资扭曲：以国有企业为例［J］. 世界经济，2012（10）.

⑤ 施炳展，冼国明. 要素价格扭曲与中国工业企业出口行为［J］. 中国工业经济，2012（2）：47-56.

⑥ 毛其淋. 要素市场扭曲与中国工业企业生产率——基于贸易自由化视角的分析［J］. 金融研究，2013（2）：156-169.

⑦ 孙军，高彦彦. 产业结构演变的逻辑及其比较优势——基于传统产业升级与战略性新兴产业互动的视角［J］. 经济学动态，2012（7）.

⑧ 柏培文，杨志才. 长三角地区劳动和资本要素的配置扭曲［J］. 经济管理，2016（9）.

⑨ 蒋为. 增值税扭曲、生产率分布与资源误置［J］. 世界经济，2016（5）.

表 2-1　要素市场扭曲测度方法

测度角度	测度方法	函数表达
微观角度	生产函数法	$Y = AK^{\alpha}L^{\beta}$ $Y = \gamma(\delta K^{-\rho} + (1-\delta)L^{-\rho})^{\frac{\nu}{\rho}}$ $\ln Y = \beta_0 + \beta_1 \ln K + \beta_2 \ln L + \beta_3 \ln^2 K + \beta_4 \ln^2 L + \beta_5 \ln K \ln L + \mu$ $\ln Y = \sum_i \gamma_i Z_i + \alpha(t)\ln K_i + \beta(t)\ln L_i + \mu_i$
	成本函数法	$C' = \sum_i k_i p_i x_i$
	利润函数法	$S_p = \frac{py}{\Pi^a} = \frac{S'_p}{kM}$
	生产前沿分析法	$Y_{it}=F(x_{it}, t)\exp(v_{it}-u_{it})$
宏观角度	可计算均衡	SAM
	动态随机均衡	RBC NKM

从微观视角对要素市场扭曲测度，即从企业或单个市场的角度来分析，不考虑市场之间或整个市场的状态，极大简化了要素市场扭曲测度内涵的复杂性。微观视角的测量方法包括四种，分别是生产函数法、成本函数法、利润函数法、生产前沿分析法。

从微观角度研究要素市场扭曲程度的测度方法，最常用的是生产函数法，即从实物产出形态讨论厂商生产行为。假设只投入资本和劳动两种生产要素，生产函数为，$Y=AK^{\alpha}L^{\beta}$。通过取对数和简单回归，可以得出两种要素的边际产出，并表示其扭曲程度。当要素市场扭曲程度取值为 1 时，这意味着要素市场没有扭曲。此外，可以计算资本与劳动力扭曲的比率，表示为资本和劳动力因素的相对扭曲。在此基础上，放松 α、β 是常数与替代弹性为 1 的假设，Arrow（1961）定义了 CES 生产函数，当要素之间的替代弹性为 1 时，CES 与 C-D 无差别。而当生产函数中替代弹性不固定，则生产函数为常用超越对数函数，是更具一般性的生产函数模型，而现实中劳动力和资本有随着时间逐期变化的特性，函数成为时变弹性生产函数，当要素替代弹性跨时期没有变化时，时变弹性生产函数与 C-D 无差别。

在实际研究中，Restuccia 和 Rogerson（2008），Duarte 和 Restuccia（2010）

采用 C-D 生产函数研究一个部门的生产要素扭曲问题[①][②]；杨高举（2013）采用 CES 函数计算制造业要素扭曲对投资结构的影响[③]；Feng（2000）采用超越对数函数对边际产出进行测量[④]；高宇明和齐中英（2008）、陈瑾瑜（2012）、王宁和史晋川（2015）、李程（2015）均采用了时变弹性生产函数对中国要素市场扭曲程度进行测度[⑤][⑥]，并研究了要素市场扭曲的经济含义[⑦][⑧]。

除了生产函数法，最常用的也有 Berndt 和 Morrison（1981）提出的成本函数法[⑨]。成本函数法即从货币角度对厂商的生产行为进行讨论。根据 Shephard（1985）定义得到企业的真实成本、真实要素份额以及两者之间的关系，从而计算扭曲程度。Parker（1995）采用成本函数法测算了中国建筑行业的改革效果[⑩]，陶小马（2009）、韩国高和高铁梅（2011）采用成本函数法，测算了中国制造业要素市场扭曲程度，并指出制造业内七个过剩产业[⑪][⑫]。

利润函数法即考虑利润最大化时的市场情况。和成本函数法相同的是，引入影子产品和影子价格，构建利润函数，考察现实与理想经济状态的差异，当二者状态重合时，要素市场没有扭曲。Atkinson（1998）使用利润函数法来衡量由行业监管引起的美国航空业的扭曲[⑬]。Hsieh，Klenow（2009）在生产函数的基础上采用利润函数法测算政府政策因素所导致的要素市场扭曲。简泽

① Diego Restuccia, Richard Rogerson. Policy distortions and aggregate productivity with heterogeneous establishments [J]. Review of Economic Dynamics, 2008 (4): 707-720.

② M Duarte, D Restuccia. The role of the structural transformation in aggregate productivity [J]. The Quarterly Journal of Economics, 2010 (2): 129-173.

③ 杨高举，黄先海. 内部动力与后发国分工地位升级 [J]. 中国社会科学，2013 (2).

④ Feng. Determinants of economic growth in China: Private enterprise, education, and openness [J]. China Economic Review, 2000 (3): 1-15.

⑤ 高宇明，齐中英. 基于时变参数的我国全要素生产率估计 [J]. 数量经济技术经济研究，2008 (2).

⑥ 陈瑾瑜. 全要素生产率与技术进步间的差别及测算——几何微分法的应用 [J]. 数量经济技术经济研究，2012 (6).

⑦ 王宁，史晋川. 中国要素价格扭曲程度的测度 [J]. 数量经济技术经济研究，2015 (9).

⑧ 李程. 要素市场扭曲、资本深化与产业结构调整——基于时变弹性生产函数的实证分析 [J]. 统计与信息论坛. 2015 (2).

⑨ Berndt and Morrison, 1981 E. Berndt, C. Morrison Short-run labour productivity in a dynamic model [J]. Journal of Econometrics, 1981 (6): 339-365.

⑩ A. N. Parker. Decentralization: the way forward for rural development [M]. 1995.

⑪ 陶小马，邢建武，黄鑫. 中国工业部门的能源价格扭曲与要素替代研究 [J]. 数量经济技术经济研究. 2009 (11).

⑫ 韩国高，高铁梅. 中国制造业产能过剩的测度、波动及成因研究 [J]. 经济研究，2011 (12).

⑬ SE Atkinson, C Cornwell. Estimating Radial Measures of Productivity Growth: Frontier vs Non-Frontier Approaches [J]. Journal of Productivity Analysis. 1998 (7): 35-46.

(2011) 也用利润函数法验证了中国企业面临的扭曲现状[①]。陈永伟 (2011) 结合 Syrquin 理论框架，采用利润函数法定义了制造业相对扭曲系数[②]。

生产前沿分析法不同于以往的生产函数计算投入要素和平均产出，生产前沿方法计算最佳要素组合投入下达到的最佳产出组合，形成生产前沿，当市场不存在扭曲，则生产可能性曲线为凸性，若市场存在扭曲状况，则生产可能性曲线不再是凸性。最具代表性的分别是参数和非参数方法，其中 DEA 为非参数法代表，SFA 为参数法代表。DEA 建立在线性规划的基础上，不考虑随机因素，在相对效率的基础上，利用生产前沿面的方法建立最优化非参数，线性规划求解。SFA 建立在回归分析基础上，考虑了随机因素，需要设定生产函数与随机因素的概率分布。

非参数化适用于多投入、多产出的情况，不需要考虑具体的生产函数形式，因为没有考虑随机项误差，所以实证过程中可能受到极值影响而出现偏差。参数随机前沿分析是估算生产可能性边界，然后将实际生产点和最优点的差距定义为扭曲。参数随机前沿分析实际应用中需要注意两个问题，一是生产函数的选择，二是 u_{it} 的概率分布情况，因为 u_{it} 的分布会影响实证结果。Kumbhakar 和 Lovell (2000) 考虑如何选择合适的生产函数形式，并对随机项的分布做出假设，并指出要素市场的扭曲测度为实际产出点与最佳产出点的差距[③]。赵自芳 (2006) 采用 DEA 方法测度了制造业的技术效率[④]。姚战琪 (2011) 也采用 DEA 方法对制造业不同部门进行检验，认为生产要素配置对全要素生产率的贡献率较低。盛誉 (2005) 采用随机前沿方法对行业间的生产要素数据进行比较，发现初级加工行业扭曲程度高[⑤]。蒋含明 (2013) 以随机前沿函数为基础，认为要素扭曲使得城乡居民收入水平差距更突出[⑥]。林伯强 (2013) 采用随机前沿方法测定了要素市场扭曲对能源使用效率的阻碍，要素市场扭曲带来的损失程度占总损失比重的 30%左右[⑦]。杨振兵 (2015) 对比研究了超越对数函数和随机前沿方法在测算要素市场扭曲时的差异，并得出结论

---

① 简泽. 市场扭曲、跨企业的资源配置与制造业部门的生产率 [J]. 中国工业经济, 2011 (1).

② 陈永伟, 胡伟明. 价格扭曲、要素错配和效率损失: 理论和应用 [J]. 经济学季刊, 2011 (4): 1401-1402.

③ SC Kumbhakar, CAK Lovell. Stochastic production frontier [M]. 2003.

④ 赵自芳, 史晋川. 中国要素市场扭曲的产业效率损失——基于 DEA 方法的实证分析 [J]. 中国工业经济, 2006 (10).

⑤ 盛誉. 贸易自由化与中国要素市场扭曲的测定 [J]. 世界经济, 2005 (6).

⑥ 蒋含明. 要素价格扭曲与我国居民收入差距扩大 [J]. 统计研究, 2013 (12).

⑦ 林伯强, 杜克锐. 要素市场扭曲对能源效率的影响 [J]. 经济研究, 2013 (9).

《劳动合同法》缓解了劳动力市场的扭曲程度①。非参数化分析法和参数化分析法往往计算结果不同，甚至差异很大，但因为不同的使用条件，适用于不同的研究目标和研究背景，所以二者的实证结果没有孰优孰劣。

以宏观角度对要素市场进行扭曲程度的测定，不仅仅是考虑单个企业或一个市场的情况，更是考虑各种市场之间的相互作用和整体市场，具体可分为可计算均衡与动态随机均衡方法。可计算的均衡方法即 CGE 模型，构建一个对数形式的线性方程组进而计算的过程。目前常用的可计算的均衡方法是社会核算矩阵（SAM）。动态随机均衡方法（DECG）是在卢卡斯批判的背景下建立起来的，即在理性预期下，经济模型失效的前提下，对由政策因素导致的扭曲建立动态的参数进行校准后，测算扭曲如何导致生产效率的损失的方法。其中经济周期模型（RBC）和新凯恩斯模型（NKM）是当前实证分析方法中的热点。Fisher（2000）采用 CGE 模型，将工会谈判能力参数化，发现加拿大工会组织下劳动力市场出现扭曲，降低了全要素生产率。Atkeson（2007）采用并改进了 DECG 方法，对美国制造企业数据进行要素市场扭曲测算②。罗德明（2012）通过测算中国制造业要素市场扭曲并构建反事实，指出中国全要素生产率还有较大增长空间③。

要素市场扭曲测量的微观视角和宏观视角是两个主要的研究方向，现实中还有其他方式的测度指标，但都统一在微观和宏观的研究方法之内。常用的有樊纲的要素市场发育程度指数④、林毅夫的技术选择指数（TCI）⑤ 等。

2.2.2 要素市场扭曲对全要素生产率的影响

全要素生产率是经济增长中的盈余，不包括要素投入的贡献。从要素市场扭曲角度来解释全要素生产率变动，是近年研究扭曲问题的重要进步之一。

Sachs、Woo 和 Yang（2000）肯定了中国的改革开放对经济增长的重要意义，同时指出若不在要素市场继续推进市场化改革，那么妥协性的改革结果很可能对长期经济增长带来负的收益⑥。Restuccia 和 Rogerson（2008）在新古典

---

① 杨振兵，张诚.《劳动合同法》改善了工资扭曲吗？——来自中国工业部门的证据［J］. 产业经济研究，2015（5）.

② Atkeson，Kehoe. Essays on Open Economy Macroeconomics［M］. 2007.

③ 罗德明，李晔，史晋川. 要素市场扭曲、资源错置与生产率［J］. 经济研究，2012（5）.

④ 樊纲，王小鲁，张立文. 中国各地区市场化相对进程报告［J］. 经济研究，2003（11）.

⑤ 林毅夫. 新结构经济学［M］. 北京：北京大学出版社，2014.

⑥ J Sachs，W Woo，X Yang. Economic reforms and constitutional transition［J］. Annals of Economics and Finance，2000（3）.

增长模型上，引入异质性企业分析框架，根据美国企业数据，研究发现要素市场扭曲对全要素生产率造成负面影响。Hsieh 和 Klenow（2009）对于要素市场扭曲与全要素生产率的研究，是目前这一领域最引人关注和最具代表性的研究。研究中假设 S 行业的产出由 M 家的差异化产品构成，行业的生产函数用固定替代弹性生产函数（CES）表示，企业的生产函数由 C-D 生产函数表示。构建了全要素生产率的产量形式 TFPQ 和收入形式 TFPR 指标，在没有扭曲时，企业间的 TFPR 应一致，有扭曲时，则不相等。当经济内部不存在扭曲时，TFP=A；而当经济内部存在扭曲时，加总的 TFP<A，即加总的全要素生产率降低了。

关于要素市场扭曲消除后，全要素生产率能够达到的新高度是近年来的研究热点，从理论上构建理想经济体，并与现实经济体进行参照，测算全要素生产率的绝对增长空间。Hsieh 和 Klenow（2009）也从中国工业企业的数据得出结论，如果扭曲被消除，全要素生产率应该在 1998 年增加 57%，在 2007 年增加 30%。Santana 和 Ramos（2013）对发展中国家的企业数据进行研究，发现企业生产率水平和加总的全要素生产率都与企业规模相关，企业之间因为规模不同，企业资本获得能力和劳动力获得能力也有显著差别。Chris Edmond 和 Virgiliu Midrigan（2015）通过我国台湾要素市场扭曲程度测算，认为台湾应继续增加开放程度来缓解要素扭曲现状并提高生产率水平①。Jun Rentschler 和 Raimund Bleischwitz（2016）对英国要素市场扭曲成因进行细分，认为信息、能力和金融约束、财政管理水平阻碍了全要素生产率的提升②。Jean-Pierre Chauffour 和 Jose L. Diaz-Sanchez（2017）研究了摩洛哥制造业面临的要素市场扭曲，认为配置失衡影响了潜在的全要素生产率提高，与中国、印度相比，2007 年至 2017 年配置失衡得到显著改善，全要素生产率提高了 84%③。

我国对消除要素扭曲后的市场效率与全要素生产率的研究中，也普遍认可全要素生产率会大幅提升的研究结论，并对要素市场扭曲造成的负面影响从不同角度做了实证分析。张军（2002）对中国经济发展战略背景进行分析，认为中国目前全要素生产率较低的原因是政府政策导致的要素市场扭曲④。朱顺

① Edmond C, Midrigan V. Cometition, Markups, Gains from international trade [R]. NBER Working Paper, 2012.

② Jun Rentschler, Raimund Bleischwitz. On imperfect competition and market distortions: the causes of corporate under-investment in energy and material efficiency [J]. International Economics and Economic Policy, 2016 (2): 159-183.

③ Jean-Pierre Chauffour, Jose L. Diaz-Sanchez. Product and factor market distortions: the case of the manufacturing sector in Morocco [M]. 2017.

④ 张军. 资本形成、投资效率与中国经济增长 [M]. 北京：清华大学出版社：2005 (4)：1-23.

林（2005）针对行业进行重点研究，得出化学产业的要素市场扭曲程度消除，可以使产值上升、全要素生产率得到提升①。聂辉华（2011）研究发现企业内部和企业间的要素配置优化，可以提升全要素生产率增长空间②。简泽（2011）通过研究企业进入和企业退出效率与企业全要素生产率的关系，发现其对加总的全要素生产率有正向影响③。

2.3　创新与全要素生产率

国家的贫富差距一直是经济学研究中的重点，造成国家间的贫富差异的根源，是社会科学研究领域最重要的焦点④。从国富论研究国家的贫富差异开始，经济增长、经济绩效、增长的创新推动问题，就伴随着经济学发展的历程，与人类社会中每一个个体密切相关，涉及每个微观个体的收入、福利、生活改善，因此也是现实社会中既古老又前沿的话题。

2.3.1　创新与经济增长理论

（1）新古典增长理论

古典经济学派构建了要素投入增长带来经济增长的模型：亚当·斯密提出劳动分工提高了生产率；李嘉图认为生产率和资本积累增长加快了经济的增长速度。Harrod-Domar 关于经济增长的模型中，认为经济增长是由资本要素投入推动，而技术进步不存在，且生产要素之间没有替代性。

新古典经济学派扩展了生产函数，量化了产出增长率、资本要素生产率增长率与劳动要素投入增长率的产出效益之间的联系，阐明了各种要素投入的重要性。Slow 和 Swan（1950）为代表的新古典经济学派，对经济增长理论的研究区别于 Harrod-Domar 为代表的古典经济增长学派，标志着现代经济增长理

① 朱顺林. 中国区域分割的产业效率损失实证分析［J］. 经济地理，2005（1）：16-19.

② 聂辉华，贾瑞雪. 中国制造业企业生产率与资源误置［J］. 世界经济，2011（12）.

③ 简泽. 企业间的生产率差异、资源再配置与制造业部门的生产率［J］. 管理世界. 2011（5）.

④ Hall R. E，Jones C. I. Why do some countries produce so much output per worker than others［J］. Quarterly Journal of Economics，1999（1）：83-116.

论的巨大飞跃①。Slow 和 Swan 构建了新古典生产函数②，其中隐藏的假定包括：企业不存在异质性；企业生产投入两种要素，生产技术固定，只生产唯一一种产品；两种生产要素有替代性；满足稻田条件③，即随着一种要素投入趋向于零，该要素的边际产品趋向于无穷大，随着一种要素趋向于无穷大，该要素的边际产品趋向于零。在此假定之下，该企业的生产函数具有对整个经济体的代表性。当生产技术作用于劳动力，劳动增进型技术进步引入模型。可以从稳态时的生产函数中看出，人均产出的变动和技术进步率有关，因为 n、δ、s 都内生，且以不变速率增长，给产出带来的变化只是水平的位移，并没有增长效应。当经济达到稳态，Acemoglu. D（2008）将索洛模型通过简单变换可得经济增长框架④，其中不能由要素投入所解释的差额就是索洛余值，即产出增长率的变化是由技术进步带来的。

（2）内生增长理论

根据新古典经济增长理论的思想，将技术进步外生化，并将它看作是经济增长的驱动力，不对技术进步的内在机制进行研究。内生增长理论刚好与之相对，认为经济增长不取决于外生性因素，而取决于内生性因素，同时将技术进步内生化，不仅研究技术进步对经济增长的影响，并进入黑箱内部，研究技术进步与产业政策、经济结构的关系，以及技术进步的决定因素。促进经济增长的影响因素也就是内生经济增长理论中对技术进步造成影响的因素。

内生增长理论拓宽了对经济增长理论的研究，并对如何促进经济增长提供了理论依据。将技术进步看作内生化因素时，内生增长学派按照产品创新与过程创新两种类型进行研究。Grossman G. M（1991）将产品创新定义为技术变化的产品的商业化⑤，通过创新投入研发新技术，产出新产品。对应的产品创新经济模型有产品种类扩大模型。而过程创新是指工艺创新，即产品生产技术的提升，新工艺引进、新的生产设备或新的管理方式带来的生产成本降低或是产品质量的提高。Aghion P. 和 Howitt P.（1991）、Grossman G. M 和 Helpman E.（1991）提出了产品质量阶梯模型。产品质量阶梯模型往往也被称为熊彼特增长模型，因为根据熊彼特理论的思想，认为量变引起质变，而在创新的动

① Solow R. M. A contribution to theory of economic growth [J]. The quarterly journal of economics, 1956 (3): 65-94.

② Swan T. W. Economic growth and capital accumulation [J]. Economic record, 1956 (2): 334-361.

③ Romer D, Chow C. Advanced Macroeconomic theory Mcgraw-hill [M]. 1996.

④ Acemoglu D. Introduction to modern economic growth [R]. Princeton University Paper. 2008.

⑤ Grossman G. M, Helpman E. Endogenous product cycles [J]. Economic Journal, 1991 (4): 1214-1229.

态过程中，投入一种新技术、新设备的同时，也替换并淘汰了一种旧技术、旧设备，在创新的同时也暗含破坏，也正是这样破坏性创新本身推动了技术进步，进而推动了经济发展。Romer P. M.（1987）和 Romer P. M.（1990）对产品质量阶梯模型进行改进和完善，并提出了产品质量阶梯模型中加总的生产函数①②，通过提高新设备的质量提高技术进步，决定了最终的总产出。根据熊彼特的思想，创新是推动经济增长的动力，引领发展进程量变到质变。因此，从内生增长学派的研究中可以得出创新引领技术进步的结论，创新对于增长具有最重要的意义。

2.3.2　企业创新选择

企业创新对于经济体中全要素生产率和经济增长有着重要的意义，那么为何选择创新的企业在企业总体中所占比例较低，大多数企业选择重复生产、放弃创新的原因是什么，是什么因素对企业创新选择构成阻碍或推动。关于这一问题当前的研究主要集中在两方面进行，一是从企业外部寻找影响企业创新选择的因素，二是从企业内部研究对创新选择依据进行分析。

关于从企业外部对企业创新选择构成影响的研究，主要从创新相关政策、政府补贴及制度安排、要素市场扭曲程度等方面展开。吴延兵（2006）认为政府创新补贴是企业创新选择的最重要影响因素③。李平和崔喜军（2007）充分论证了产权制度安排对中国企业创新的重要性④。康清泉（2009）通过对2003年至2005年中国上市公司创新选择的分析，认为影响企业创新选择的核心是政府的创新补贴，并且政府的创新补贴在激励企业创新和挤出企业创新的效应中，激励创新选择占主导⑤。安同良和王文翌（2009）通过对江苏省制造业企业创新选择进行研究，认为专利制度对企业创新行为和选择决策具有重要影响⑥。C Lin 和 P Lin（2010）通过世界银行在2003年对中国18个城市2400

---

① Romer P. M. Growth based on increasing returns due to specialization. The American Economic Review [J]. 1987 (2): 56-62.

② Romer P. M. Endogenous technological change [J]. Journal of Political Economy, 1990 (5): 71-102.

③ 吴延兵. 中国工业产业创新水平及影响因素——面板数据的实证分析 [J]. 产业经济评论, 2006 (2).

④ 李平，崔喜君，刘建. 中国自主创新中研发资本投入产出绩效分析——兼论人力资本和知识产权保护的影响 [J]. 中国社会科学, 2007 (2).

⑤ 解维敏，康清泉，陆珊珊. 政府R&D资助，企业R&D支出与自主创新——来自中国上市公司的经验证据 [J]. 金融研究, 2009 (6).

⑥ 安同良，王文翌，徐志坚. 中国制造业企业专利策略的微观决定机制：江苏的经验 [J]. 管理学家（学术版）, 2009 (1).

多家公司的创新调查数据，认为中国企业创新选择的关键影响因素是政府的产权制度安排、政府的创新补贴和政府服务[①]。

关于从企业内部寻找企业创新选择依据的研究主要从企业规模、企业管理者素质、风险偏好、企业所有制等方面展开。吴延兵（2006）通过对2003年至2005年中国上市公司创新选择的分析，认为影响企业创新选择的核心是政府的创新补贴，并且政府的创新补贴在激励企业创新和挤出企业创新的效应中，激励创新选择占主导[②]。安同良和王文翌（2009）认为企业所有制和管理者素质对企业创新选择具有重要影响。唐清泉和甄明丽（2009）认为不仅管理者的报酬对企业创新选择具有积极意义，管理者的风险承受能力也对企业创新构成影响[③]。C Lin 和 P Lin（2010）研究发现，企业创新决策和公司规模、融资渠道正相关，与产品市场竞争环境与公司年龄负相关。李春涛和宋敏（2010）运用世界银行数据，研究了管理者的报酬与企业创新之间的关系，认为企业创新具有鲜明的所有制差异，国有企业是创新的主要力量，管理者的报酬与企业开展创新之间正相关[④]。

2.3.3 创新对全要素生产率的影响

由内生经济增长理论的观点：创新是出现经济持续增长的最重要的推动力，尤其是在投入的生产要素达到一定水平之后，只能依靠创新来推动全要素生产率的增长，进而影响经济总产出的提升。因此，对创新的研究也不断扩展到创新的种类、对全要素生产率的影响、趋势、创新政策等。

OECD 在2016年发布的《科技创新展望2016》中将创新具体分成了四种形态：产品创新，即提高产品性能、扩展产品用途，对新产品新服务的开发创新；过程创新，即投入新设备、拓展新技术，对产品过程开发创新；营销创新，即开发新包装，拓宽销售思路，使用新兴销售手段和渠道；组织创新，即更新企业商业行为，优化企业环境，包括企业的外部环境、新的组织方法等。

在微观视角，关于企业的创新、研发对生产率水平的正向影响已经基本达成共识，并且有大量实证研究得到确认。研究研发投入与产出的 CDM 模型，研究了创新投入、创新产出与生产率的关系，基于 CDM 基础上，大量研究认可它们之间存在正相关关系。Daniel J. Wilson（2002）从企业层面研究技术变

① C Lin, P Lin, F Song. Property rights protection and corporate R&D: Evidence from China [J]. Journal of Development Economics, 2010 (2): 49-62.

② 吴延兵. 市场结构、产权结构和 R&D [J]. 统计研究, 2007 (5).

③ 唐清泉, 甄丽明. 管理层风险偏爱, 薪酬激励与企业 R&D 投入 [J]. 经济管理, 2009 (5).

④ 李春涛, 宋敏. 中国制造业企业的创新活动: 所有制和 CEO 激励作用 [J]. 经济研究, 2010 (5).

化、创新开发支出在企业之间的影响差异，发现研究与开发活动的支出对企业的生产率有相当程度的解释①。Rainer Andergassen（2005）运用内生经济增长扩展模型，研究不同行业之间由信息传递引起的创新扩散，由此对全要素生产率带来的影响②。Carmine Ornaghi（2006）研究了知识溢出对企业生产率的作用，认为相比过程创新，产品创新的扩散作用更强，对全要素生产率的贡献更大③。Raymond（2015）运用荷兰制造业数据，检验了创新与生产率的因果关系④。JB Re Velle（2016）和 CF Baum（2017）采用广义结构方程模型方法来估计研发、创新和生产率之间的关系，重点关注跨部门的潜在关键异质性⑤⑥。Patrick Moran（2017）综合考虑货币政策、企业创新和生产率增长，货币政策影响企业开发和实施创新的动机，并且使全要素生产率损失加深⑦。

国内关于企业创新对全要素生产率的积极影响也从多个角度、采用多种实证方法予以确认。陈琳（2011）研究了企业的技术创新和经济增长与技术进步，将微观的企业层面和宏观问题进行结合，探究创新与经济增长的微观机理⑧。张小兰（2008）认为我国经济增长近年来出现的低质量情况，就是因为微观层面上企业创新能力低下，创新动力缺乏所导致⑨。易靖韬和蒙双（2016）、秦佩恒和赵兰香（2016）均对企业创新能力进行调查，并定义了不同技术水平的公司之间的创新能力、创新投入、产出和生产率水平的差异⑩⑪。程晨（2017）在对上市公司数据研究后发现，我国知识产权保护不足，企业

---

① Daniel J Wilson. Is Embodied Technology the Result of Upstream R&D Industry Level Evidence [J]. Review of Economic Dynamics, 2002 (5): 285-317.

② Rainer Andergassen, Franco Nardini. Endogeous innovation waves and economic growth [J]. Structreal Change and Economic Dynamics, 2005 (12): 522-539.

③ Camine Ornaghi. Spillovers in product and process innovation: Evidence from manufacturing firms [J]. International Journal of Industral Organization, 2006 (12): 349-380.

④ Reymond W., Mairesse J., Mohnen P. Dynamic models of R&D, innovation and productivity: Panel data evidence for Dutch and French manufacturing [J]. European Economic Review, 2015 (7): 285-306.

⑤ JB ReVelle. An Innovation, Productivity, and Quality Focus [M]. 2016.

⑥ CF Baum. A new approach to estimation of the R&D-innovation-productivity relationship [J]. Economics of Innovation and New Technology, 2017 (26): 12-25.

⑦ Patrick Moran. Innovation, productivity, and monetary policy [J]. Journal of Monetary Economics, 2018 (1): 24-41

⑧ 陈琳. 企业技术创新的制度环境分析——对企业技术创新激励机制的系统思考 [J]. 经济体制改革, 2011 (11).

⑨ 张小兰. 技术创新与我国经济增长的质量 [J]. 经济体制改革, 2008 (11).

⑩ 易靖韬, 蒙双. 异质性企业出口、技术创新与生产率动态效应研究 [J]. 财贸经济, 2016 (12).

⑪ 秦佩恒, 赵兰香, 万劲波. 中低技术企业创新模式与创新绩效研究——基于中国制造业创新调查的实证分析 [J]. 科研管理, 2016 (11).

的技术模仿动力高于企业进行创新活动，由此造成了创新效率和全要素生产率的损失①。

从宏观视角来看，全要素生产率的跨国差异，也是从创新方向来寻找原因的。研究认为在市场中远离技术前沿面的国家全要素生产率水平较低，模仿和采纳技术的速度也慢于全要素生产率水平较高的国家。因此，从创新角度解释国家之间全要素生产率的差异，提供了一条重要的途径。但在新古典经济增长框架中，简单加总微观企业的生产函数，却没有考虑到企业存在异质性，使得研究结论具有一定的欠缺和局限性。Jeffrey L. Furman（2004）对新兴经济体和发达经济体创新速度进行分类后，认为由政府推动的对创新的财政支持和不断的扩大化投入，新兴创新经济体取得成功的追赶②。Patricia H. Schneider（2005）研究了知识产权、高新技术贸易对技术创新与经济增长的关系，来对比发达国家与发展中国家之间的差异。Murat Lyigum（2006）在一个内生经济增长模型中，研究了干中学与研发的关系，并讨论发明和创新和技术进步的关系。Rachel Griffith 和 Elena Huergo（2006）利用国际协调社区创新调查（CIS3）的公司层面数据，比较了四个欧洲国家（法国、德国、西班牙和英国）在生产率方面的影响，并认为各国企业创新对于生产率的推动作用十分相似③。Gustavo Crespi（2011）调查了六个拉丁美洲国家技术创新的决定因素及其肯定了创新对企业生产率的正向作用。然而，现实经济中只有半数的国家鼓励了创新投资并提供财政支持④。

国内关于企业创新与全要素生产率的研究更多的是结合中国经济发展背景、政策驱动的中国国情下企业创新的新特征，以及在此前提下，中国如何通过加大创新投入力度、转化比例来提升生产率水平。梁红敏（2002）研究认为，创新是增长的重要推动力，也是创造财富扩大产出的根源。王青（2004）、潘再见（2005）采用了系统工程计量方法，对全要素生产率进行分解，并分别测算每一个部分对全要素生产率的贡献⑤。王海鹏、田澎、靳萍（2005），范柏乃、江蕾（2010）对我国创新能力与经济增长的相关性进行了

① 程晨. 技术创新溢出与企业全要素生产率——基于上市公司的实证研究［J］. 经济科学，2017（6）.

② Jeffrey L. Furman. Catching up or standing still National innovative productivity among "follower" countries, 1978-1999［J］. Research Policy, 2004（11）：1329-1354.

③ Rachel Griffith, Elena Huergo. Innovation and Productivity Across Four European Countries［J］. Oxford Review of Economic Policy, 2006（12）：483-498.

④ Gustavo Crespi, Pluvia Zuniga. Innovation and Productivity：Evidence from Six Latin American Countries［J］. World Development, 2012（2）：273-290.

⑤ 王青，谢彦红. 管理对技术进步作用的定量分析［J］. 工业技术经济，2004（8）.

检验，验证了二者之间的正相关关系①。付林（2016）根据新兴经济体和发达经济体的企业绩效、创新能力和生产率进行对比，对发达经济体中企业规模更大、创新能力更强的背景和影响机制与中国现实进行对比，对我国大型企业的创新推动生产率提升途径效应提出建议②。

2.4 评 论

以上的理论研究与实证研究，为理解中国要素市场扭曲背景下的全要素生产率奠定了扎实的基础，提供了可靠的理论与实证工具。同时，当前研究表明，创新对经济增长的重要性不言而喻。中国大力推进创新与技术进步，促进经济转型发展，从创新的角度拓展全要素生产率增长的空间，对于中国目前的经济发展至关重要。由于体制约束、历史积累、经济增长模式转变等多种问题，中国的要素市场存在着扭曲现象，但随着人口红利消失、能源压力加大、资本积累后劲不足，依靠扩大要素投入拉动的经济增长模式必须进行转变。另外，关于全要素生产率的加总与分解，探究了全要素生产率变动的原因和空间，提供了大量实证研究方法和结论，为相关政策制定与实施提供了依据，但是从理论和实证分析框架的角度来看仍存在以下不足之处：

第一，在现有的研究中，对于要素市场化、要素错配、要素价格扭曲、要素市场扭曲等概念模糊使用，容易造成概念的混淆和计算偏误，应该予以界定。当生产要素采用市场机制进行资源配置时，经过要素市场中的供需双方共同作用，形成了各类生产要素的价格。当市场是完全竞争市场，生产要素价格可以灵活准确地反映供需双方的要求和变化，但是在要素市场存在扭曲时，生产要素价格不能恰当地反映生产要素的稀缺程度与市场供求状况，从而形成了要素价格扭曲。要素价格扭曲作为市场信号，反映了企业按照不恰当的配置结果组织生产经营，产生了资源配置扭曲，从而导致了资源分配低效，进而使得经济结构发生恶化，就是要素错配。除了价格因素引发要素错配，制度因素也是引起要素错配的重要原因，比如户籍制造成城乡劳动力市场割裂，造成劳动要素错配，或者政府的某项不完善的经济政策等引发的要素错配。生产要素的市场化程度相对于产品市场化程度，显得远远滞后，土地、资本、劳动等生产

① 王海鹏，田澎，靳萍. 中国科技投入与经济增长的因果关系分析［J］. 系统工程，2015（7）.

② 付林. 发达国家与新兴市场国家大型企业绩效影响因素研究［D］. 长春：吉林大学，2016.

要素市场机制完善和提升还需继续加快推进市场化改革进程。要素市场扭曲的概念更广，涉及内容更宽泛，包含在要素市场上，包括市场因素或其他非市场因素带来的影响最优配置状态的所有可能因素，这表明市场很难充分发挥调节作用。

第二，全要素生产率作为本书研究对象，是因为关乎经济持续增长的动力以及中国经济增长方式的转变，但在以往的研究中，通常在暗含生产要素已实现了最优配置的前提，企业不存在异质性的假设下，强调技术进步和研发创新对全要素生产率的影响，无视要素市场改革严重滞后的现状；而在考察要素市场扭曲对全要素生产率造成损失的问题时，又常常缺乏对企业创新的研究，忽视创新对全要素生产率的带动作用。而中国当前面临的经济发展态势，要素市场扭曲与企业创新不足的现实问题并存，系统性地研究要素市场扭曲与企业创新同时对全要素生产率的影响是重要的视角和切入点。将三者之间的关系割裂对待，分别求解中国全要素生产率的增长方向，没有把握住全要素生产率提升的关键问题，缺乏对现实问题的解释和指导。

第三，目前对于全要素生产率变动和加总分解的实证研究中，多数从技术效率、规模效率等方面进行，很少从微观变动基础来进行研究，很少细化不同生产要素对全要素生产率带来的影响。当前对于扭曲问题的研究中，越来越多地看到了资源配置对全要素生产率的带动作用，但很少有在构建全要素生产率影响途径的模型中，探索影响全要素生产率增长的微观渠道。其次，在现有的研究中，往往集中在经济体内正在经营的企业决策、企业间的要素市场扭曲导致的要素错配问题，而没有考虑在现实经济环境里，企业不可能永远持续生产经营，而是处于不断有企业进入退出的动态环境。只从静态分析框架下研究要素市场扭曲，没有将企业创新导致生产率的动态演变考虑在内，就会忽视了企业面对来自外部冲击时做出的决策和反应。

根据现有文献在中国问题上的缺陷和欠缺，本书在以下几个方面展开研究：

第一，构建统一理论分析框架，将要素市场扭曲、创新和全要素生产率置于统一的框架内进行系统研究。克服片面研究经济增长理论中的创新行为，或单独研究要素市场扭曲对全要素生产率造成损失的局限性，本书将在企业异质性的前提下，现有文献的基础上，进一步探索要素市场扭曲、创新和全要素生产率的关系，从企业层面的微观角度到行业和国家的宏观角度，构建统一分析的理论研究框架，希望可以系统性地研究要素市场扭曲与企业创新的影响，进而从宏观层面考察加总的变化。通过搭建同一框架下的一般均衡模型，把握制约中国全要素生产率的关键因素，力求理论分析严谨与统一。

第二，考察中国制造业全要素生产率变化的微观基础。在构建包含要素市场扭曲、企业创新和全要素生产率的理论模型基础上，根据中国制造业要素市场扭曲的特征，企业创新与经济发展水平的关联，从微观角度进行加总后得到宏观层面的加总结果，并对加总结果从企业生产率本身，企业间的要素再配置效率和考虑动态环境时的净收益三个方面进行分解。既是在同一框架下从经济增长的角度对中国现实的研究与分析，也是在寻找全要素生产率提升渠道增加了微观视角。

第三，在对要素市场扭曲中，区分不同生产要素对全要素生产率的影响程度。测算扭曲程度改善对于全要素生产率的影响程度、损失差异性。使用更新的数据、选择适合的实证方法，对要素市场扭曲进行深入研究，比较和分析典型行业、区域之间的要素市场扭曲，创新和全要素生产率提升渠道，以期为我国出台相应的产业政策和经济增长政策提供大样本的数据支持，为完善全要素生产率增长提供理论借鉴和现实参考。

第3章　要素市场扭曲、企业创新与全要素生产率的理论分析

本章将在企业异质性的前提下，在要素市场扭曲与企业创新的形成机制基础上，分析二者对全要素生产率的影响机制，并以初始经济体理论模型为起点，基于垄断竞争的市场环境，构建涵盖要素市场扭曲、企业创新与全要素生产率的统一的理论框架，来研究要素市场扭曲、企业创新、企业进入退出的动态环境对全要素生产率的影响，并在一般均衡条件下对加总的全要素生产率进行求解。跟目前对全要素生产率影响因素的研究文献不同的是：一方面考虑到企业处于不断进入和退出的动态环境，在动态环境下，考察市场内经营企业和具有进入或退出倾向的企业之间的生产决策差异；另一方面将企业的全要素生产率内生化处理，方便用于研究加总层面的构成，以及研究宏观角度下的全要素生产率的微观变动基础。在此基础上，构建对中国经济的现实问题具有解释意义的理论分析框架，分析中国要素市场扭曲的现状，企业创新动机缺乏，以及提高全要素生产率的必要性，为后续的影响机制和增长空间的研究与加总分解的实证分析提供理论基础。

本章主要内容包括：第一，从制度约束和企业创新主体地位的形成角度阐明要素市场扭曲与企业创新的形成机制；第二，分析要素市场扭曲、企业创新分别对与全要素生产率的影响机制；第三，设定基本模型框架，从初始经济体基础上依次引入要素市场扭曲、企业创新、企业动态环境等要素，以期贴近现实环境，并在均衡条件下求解全要素生产率。

3.1　要素市场扭曲与企业创新的形成机制

3.1.1　要素市场扭曲与制度约束

Coase，R. H. 和 North D.（1994）认为，历史轨迹的影响与约束对现实与未来经济发展都是起作用的并且是深远的①。现实经济社会中各种经济现象和政策安排都受到过去的影响和制约，这样的机制使得事物发展进入一定的轨道或沿着某一方向行进时，在不断的发展和时间的推移中不断加强约束和影响，使之固定在原有的轨道和方向上难以发生改变。如果这样的固化和约束使经济发展进入良性发展路径，则会通过此机制不断得以强化和改善，而若使经济发展进入恶性或扭曲发展路径时，则会通过此机制不断得以恶化和加剧，并且脱离这样的锁定状态的难度较大。

由于一旦形成这样的制度约束机制，经济发展态势就具有较强的固化和锁定态势，想要改变其恶性循环和扭曲现状，需要对现行经济体之中利益受益者进行反抗和重建。即使新发展路径更有利于现行经济体内所有主体，当前的利益受益者仍然倾向于维持现有状态而不加改变，破坏新的发展规划实施，并有强烈欲望履行现有的制度约束来保证目前的既得利益。并且由于沿袭已有的制度和习惯比试图更新和拓展新的发展路径更容易一些，所以制度约束在经济发展过程中得以强化。因此初始制度安排的确立对于经济发展态势的影响至关重要。

现实经济体中的要素市场扭曲由于经济制度的约束和固化，加之政策及制度制定的主体经常为中央政府或者地方政府，下级政府和市场主体想要改变要素市场扭曲现状难度较大，要素市场扭曲的形成机制主要体现在以下几个方面：

1. 财政收支制度。由于财政收支制度由中央政府直接指定和安排实施，所以下级政府和市场主体并没有决策权力和改革能力。尽管政府通过财政支持建设项目的审核和管理、财政收支增加地方的主动管理权等多种财政收支权力下移的手段将部分管辖权下放给地方政府，一定程度上增加了地方政府的自主

① Coase，R. H.，Alchain A，North D. 财产权利与制度变迁：产权学派与新制度学派译文集［M］. 上海：上海人民出版社，1994.

权和灵活度，并带动了地方经济的发展速度，但长期来看，财政收支制度的地方政府下放权力，使得地方市场出现割裂，市场壁垒增加，要素市场扭曲加剧。同时由于体制内企业多数划归地方政府管辖，使得地方政府与体制内企业的关系日益密切，不仅体现在地方政府之间的地域性扭曲市场的形成，也体现在体制内外市场主体类型的扭曲现状上。

尤其从企业在要素市场上获得资本要素的难易程度来看，体制内企业相比体制外企业更容易获得国家预算及财政支持，并且国有金融机构由于政治资源和相同的体制背景，更倾向于将资本要素提供给体制内企业。这样的制度安排和体制惯性使得资本要素市场的扭曲程度固化，并通过制度约束机制随着经济发展而逐步得到增强。

2. 政府目标。从中央政府到地方政府在全心全意地促进经济发展的过程中，具有统一的政府行为目标即经济数据增长的核心目标。为了达到这一目标，各级政府为促进经济稳定和快速增长倾注全部心力，为促进地方经济的繁荣和发展付出了可观的努力和贡献，但是由于政府行为的目标一致性，导致了以下三类现象出现：

一是各级政府为了自身的收益最大化，并在经济数据增长的竞赛中领先，各级政府之间具有较大的竞争关系，政府倾向于通过扭曲要素市场来达到短期内刺激经济的目的。在各级政府的招商引资的竞赛中，经常由降低土地价格或优惠的金融支持政策来吸引外部资源进入本地经济，一定程度上确实有助于经济的快速增长，同时也加剧了各级政府之间的竞赛的恶性循环，由于制度的不断加深和强化维持了要素市场扭曲现状。二是各级政府为了争取国家财政支持与地方利益，争相向国家财政或中央机构索求建设项目、制度支持、财政补贴，并与中央政府之间形成了博弈关系，通过维持要素市场现状来获得更好的经济成绩来吸引中央的关注与支持。三是各级政府为了在要素市场中获得更多的生产资料支持，经常改变政府的管理者本质，带有企业经营性质的身份直接参与到要素市场的资源配置当中，以土地市场的行政垄断体制尤为明显。各级政府通过变更土地用途来增加地方财政收入，短期内迅速扩大经济增长速度和总量的方式达到政府目标，实现各级政府的利益最大化。

综上，财政收支制度和政府目标的一致性前提下，现有的制度制定者具有通过维持要素市场扭曲现状的能力和动力，加之要素市场的市场化改革进程缓慢，生产要素受各级政府的干预较多，使这样的制度约束对要素市场扭曲的形成和变动影响深远。

3.1.2 企业创新的主体地位

在经济体内的创新存在于多个角度、多个层面，但作为市场的主体，企业创新对于市场的意义不言而喻。尽管现有研究对企业创新的主体地位存在争议，各级政府、科研机构与高校都对整个经济体的创新机制起到重要作用，但其中最重要和最核心的主体地位当归于企业。

其一，从企业创新的形成机制上来看，企业由于追求利润最大化的利益驱动，企业创新在理论上具有天然的优势。企业创新使得单位生产成本下降，单位产值增加，利润提升，企业具有更大的动力来提升企业内部的生产工艺和生产过程，从而演变成企业创新的源源不断的动力。尤其在市场机制作用下，考虑到存在企业进入与退出的动态市场环境，企业具有不进则退的紧迫性，倾向于不断改进技术，开展企业创新活动的冲动。同时，企业作为市场机制运行的主体，有随时提升对市场需求的满足度的愿望，并且在满足市场需求方面，将创新技术和创新产品转化为企业利润，企业的创新目的更为明确，创新转化更加有效。

其二，从企业创新的形成机制上来看，企业创新在经济发展的经验和发展历程上都占据主体地位。一国经济体能取得迅速发展和生产水平能得到效率的提升都离不开企业创新带来的技术突破和推广。从发达经济体的经济发展历程来看，先进技术对经济的推动作用十分显著，尤其是企业创新作为先进技术在市场中的载体、创新技术的商业化运行核心，比如发达经济体代表性创新企业，再到发展中国家的新兴科技产业等都是以企业创新引领了整个经济体的经济发展方向，甚至改变了固有的经济增长方式。通过企业创新的不断深化和推广，将创新成果通过市场机制的作用，转化为企业的利润和社会的财富，将经济发展轨迹引入创新带动的良性发展方向上。

其三，从企业创新的形成机制上来看，企业创新在现实经济发展中具有主体地位。在当前全球经济一体化的经济发展态势中，跨国企业不仅在一国经济体内发挥重要的引领带动作用，在世界经济范围内也是跨国经济竞争实力的主要砝码。跨国公司的体量和规模逐步扩大，涉及的范围和领域不断拓展，而创新成果和专利技术是跨国公司的最重要争夺资源，拥有关键领域的关键创新技术是跨国企业的实力表现，也是一国经济体在参与跨国经济竞争时的最重要力量。因此，企业创新在现实经济发展状况中占据主体地位。

除了企业创新在一国经济体发展过程中占据创新主体地位的外在表现以外，其内在形成机制也使得企业创新的主体地位突出。一方面，由于企业创新具有极高的自觉自发意识。当企业在商业领域遇到增长瓶颈和销售障碍时，影响企业既得利益，企业本着逐利性的特征，会对企业自身的设计、规划、调研、生产与销售等一系列环节进行检讨和分析，采用企业创新的技术手段，改进生产各个环节上的不足与缺陷，努力贴近市场需求，采用模仿创新或技术创新模式，从技术上寻求突破与商品的市场实现。从而，在整个经济体领域，达到企业创新引领经济发展持续向前迈进的目的。另一方面，企业创新在整个创新活动的过程和创新成果中都体现出较强的外部经济，促进整个经济体形成良好的创新环境和创新氛围。从企业创新的研究设计阶段，企业创新所产生的新技术和知识溢出，都表现出不仅对创新企业的积极影响，也对整个经济体内的其他非创新行业具有明显带动和示范作用。另外，从企业创新的结果和终点来看，整个经济体都会从这样的创新和关键领域的突破中，得到社会效益或经济效益的提升。

3.2 要素市场扭曲、企业创新与全要素生产率的影响机制

3.2.1 要素市场扭曲对全要素生产率的作用机制

在初始经济体或理想经济体中，要素市场与产品市场只按照市场力量即可达到市场出清，并不存在对市场规则和配置效率构成障碍的机制和因素，包括要素市场在内的初始经济体可以达到最优状态，没有要素的短缺和过剩现象存在。而在现实经济环境中，经济体内或多或少都存在市场以外的力量干预，使得包括要素市场在内的配置效率损失，次于初始经济体时的最优状态，从而出现要素市场扭曲。要素市场的扭曲现状不加以改善和引导，短期影响经济体内的总产出水平和资源配置效率，从长期和宏观角度来看，会引起整个经济体发展失衡。

在初始经济体中，假定市场是完全竞争市场，没有要素的短缺也没有要素的过剩，不存在要素市场扭曲、经济体中投入资本和劳动力两种要素，那么，此时投入经济体的生产要素的边际产出相等。由于具体生产过程中，存在两种要素的密集程度不同的生产组织方式，但资本和劳动力要素的配置都处于最优水平上。而在现实经济中，除了市场发挥调控作用之外，还有众多市场外力量干预市场的配置效率和配置方向，其中垄断力量、政府政策、市场外部性与经济发展所处阶段限制等因素都对经济体中的资源配置的最优状态构成影响，使得生产要素对于不同主体体现出不同的差异。从图 3-1 中可以看出，尽管生产

组织方式不同，生产主体对于要素的侧重有差异，但从经济体总体来看，要素市场扭曲现状使得要素配置效率降低为 L_1，次于初始经济体的最优状态 L_2。

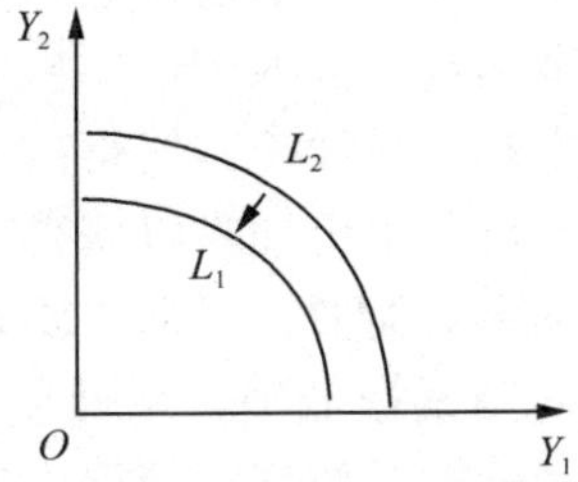

图3-1　存在扭曲的现实经济体与初始经济体对比

Hsieh 和 Klenow（2009）在关于生产要素的边际产出与经济体加总的全要素生产率的研究中，推导了二者之间成比例变化的关系，并提出随着要素市场扭曲现状改善，生产要素边际产出更高的部门将在市场中得到相应增加的生产要素，而生产要素边际产出更低的部门将越来越难以获得生产要素，从而生产要素配置给了生产率水平较高的部门，引导了生产要素的流动和走向，提升了整个经济体的全要素生产率。

要素市场扭曲除了影响经济体内的资源配置效率从而导致全要素生产率损失，还从企业目标和经济发展水平两个方面来对全要素生产率的提升构成影响。在现实经济体当中，考虑到垄断力量的存在，且假定企业之间存在异质性特征，使得企业目标不同于初始经济体时的利润最大化目标，而是受到企业所有制差异、管理体质差异、政府政策或经济发展水平等多种因素影响，表现为管理者利益最大化、政府或部分市场主体利益最大化。比如，对企业的控制能力或者升职晋级奖励等作为企业追求的目标时，企业不再以生产要素的最优配置方式进行生产经营的组织和管理，而倾向于追求自身目标的利益最大化，即使以损害利润最大化的原则也会以不合理的方式获得生产资料。与此同时，监督管理缺失、政绩考核或政策驱动，使得体制内的生产部门以更低的价格获得更多的劳动力资源，体制内金融部门更愿意将资本放贷给体制内生产部门，即使目前的制度安排有悖于利润最大化的原则，但由于政治身份和资源的差异性，违背了市场规律和初始经济体的最优状态，加剧了要素市场扭曲现状形成，并造成了要素配置效率的低水平。生产率水平高的企业由于处于获得生产要素的劣势方，难以满足要素需求，而生产率水平低的企业由于处于生产要素的优势方，没有因为生产水平低而退出市场，反而往往可以获得生产要素并扩大规模，从而降低了生产要素的整体边际产出与经济体加总的全要素生产率水平。

另外，由于现实经济体经济发展水平处于较低阶段，通过压低生产要素价格来促进经济发展水平的提升是较长一个时期内普遍存在的问题。资本要素的价格长期被低估，使得金融机构的存款出逃并进入其他投机领域概率增加，进而这一部分对回报率要求更多的资本进入产业领域后，加剧了产业领域的风险倾向，刺激了更多的投机资本和热钱涌入，使得产业领域中投机性资本充裕甚至过剩，而产业领域中生产经营资本更加难以获得，造成了资本的稀缺性与过剩性同时并存的局面。与资本市场类似，劳动力要素、土地要素和能源资源都因为尽快提升经济发展水平的因素被低估，从而使企业获得更多的生产资料，而僵化的要素市场供给水平和配置低效率，使得生产经营的风险补偿降低，管制的要素市场中要素使用成本也相应降低，企业倾向于更多地获取生产要素来降低生产成本。这一点对于利率市场来说尤其明显，由于资本价格不随市场运行规律变化，使得企业向资本密集型过渡，而无视于当前经济体的要素禀赋。而当要素市场的配置状况由于经济发展水平的所处阶段作出调整，一定程度上满足了当时的发展需求和快速增长的目标，而使得经济体总体也偏离了产出的最优水平，相比初始经济体时降低了全要素生产率水平，也使得长期经济发展面临更多障碍和困难。

3.2.2 企业创新对全要素生产率的作用机制

全要素生产率的提升即生产要素投入的使用效率的提升，一方面取决于要素市场的配置水平的提升，另一方面则由于企业创新的推动作用。企业创新对全要素生产率的影响及作用机制主要通过两方面进行，即企业创新包括的过程创新和产品创新。

过程创新和产品创新是企业创新的两种类型，这两种类型都对全要素生产率构成积极的正面影响，但由于不同的特征和创新方式，影响不尽相同。其中，过程创新即生产工艺、生产方法或者生产过程中使用的工具、材料的升级和革新，是解决优化生产问题，提高单位产量、降低单位成本，进而提升单位要素产出的创新方式。产品创新即产品的质量服务显著提高或者区别于旧产品而言推出升级产品，是通过提供更周到的服务、更高的质量和满足更多细分市场的需求来提高企业生产水平，通过需求拉动提升经济体的整体经济增长水平。

对于全要素生产率的影响而言，企业创新中以过程创新为主，更能对全要素生产率产生积极作用，其作用机制体现在以下几个方面：

第一，过程创新通过改善生产工艺、改进生产过程组织方式提高企业生产率。在企业进行生产过程的改进和创新时，会着力降低单位产品的生产成本和能源消耗来达到增加企业利润的目的，或者在同等成本或时间的条件下增加产品产量或产值，来达到增加企业利润的目的。生产工艺或组织方式的创新和提升不是在新拓展市场的基础上来提高生产率，而是在现有产品生产的基础上，能显著快速地提升企业的生产率水平。

第二，企业在进行生产工艺升级的过程中最容易带动生产设备、生产工具、生产材料等中间产品的创新和发展，从而为同一类型生产过程的中间产品提供了更大、更广泛的市场需求。这一类型的生产设备可以在更多的企业和市场上扩散并发挥作用，从而带动整个经济体的生产水平提升和全要素生产率增长。生产工艺和生产设备的创新使得企业产量提高、成本降低的同时，企业规模进一步扩大，进而投入更多的生产资料进行生产，根据过程创新对全要素生产率的作用机制，进一步加深了创新对于全要素生产率的正面作用。

第三，生产过程的改进和提升，在现有投入水平和一定时间内，提高了产品的产量和产值，即某种程度上提升了企业的利润积累，从宏观上来看，提升了整个经济体的经济增长速度。相比产品创新，不需要面对创新失败的风险、产品推出后不被市场认可的风险、新产品从推出到普及到获得收益这一较长时期所带来的风险。并且在创新的过程中投入的创新成本全部属于生产性质的成本投入，可以持续较长时间并普及至其他领域产品生产或其他市场进行全要素生产率的提升，不需要额外的渠道成本或销售费用的支出，能在成本一定的情况下，尽快带来企业收益的增加和生产率水平的提高。

企业创新对全要素生产率的积极作用主要体现在过程创新中，但并不是说产品创新对全要素生产率没有意义和积极影响，产品创新对全要素生产率的作用机制主要通过以下两个方面进行：第一，创新产品受市场认可并且被广泛接受，通过扩大产品产量提高产值，使得企业利润增加，进而使得企业规模进一步扩大，在规模化的生产中，提高企业新产品利润，降低生产成本，提升企业生产率水平。第二，企业在开发升级新产品后，其不仅作为终端消费满足需求拉动经济增长，并且作为其他产品生产的中间环节或过程创新的组成部分，继续投入于其他产品的生产过程创新当中，发挥过程创新的作用机制，进而带动经济体全要素生产率水平的提升。

3.2.3　企业进入与退出的动态环境对全要素生产率的作用机制

考虑企业进入与退出的动态环境对全要素生产率的作用机制，主要通过三个方面进行，一是进入与退出的动态环境本身对全要素生产率的影响，二是企业进入与退出的动态环境通过要素市场扭曲与企业创新的共同作用对全要素生产率产生影响。三是进入与退出的动态、环境与企业创新的共同作用对全要素生产率的影响。

以往对全要素生产率的研究当中，多数不考虑进入与退出的动态环境，而只对静态环境中的全要素生产率的影响渠道和提升策略进行研究，而引入进入与退出的动态环境则相当于考虑市场中全要素生产率的临界水平，在现实经济体中，必然存在着这样的临界水平，使得高于临界水平的生产企业能够存在于市场内继续从事生产，而低于临界水平的企业退出市场，进而通过市场规则优胜劣汰，使得低水平生产率企业离开生产领域，从而提高市场的全要素生产率水平。同时，由于低水平生产率企业不断退出市场，留存在市场内部的企业面临的市场竞争性增强，生产率的临界水平被逐步抬高，继而促进企业不断提升生产率水平来应对不断抬升的临界水平，会形成整个经济体的全要素生产率良性增长循环。

除了进入与退出的动态环境本身对全要素生产率的影响，其通过要素市场扭曲的共同作用也对全要素生产率构成影响。生产率的临界水平要求企业需要不断提高自身的生产率水平才能继续在市场上持续经营，如果不能提高自身的生产率水平则会被迫退出市场。而要素市场扭曲现状则使得企业面临不同的全要素生产率的临界水平，当企业面临类似政策补贴的扭曲时，即企业处于生产要素市场扭曲的优势方，企业面临的全要素生产率的临界水平也被扭曲且被降低了，企业只需要维持较低的生产率水平即可以留在市场中继续进行生产，进而造成经济体的全要素生产率损失；而当企业面临类似政府税收的扭曲时，即企业处于生产要素市场扭曲的劣势方，企业面临的全要素生产率的临界水平也被扭曲且被抬高了，企业需要保持高于扭曲状况下的全要素生产率临界水平才能继续留在市场内部，进而造成经济体的全要素生产率损失。

此外，进入与退出的动态环境与企业创新共同作用于全要素生产率。同样，在考虑到市场的动态环境时，生产率的临界水平要求企业需要不断提高自身的生产率水平才能继续在市场上持续经营，如果不能提高自身的生产率水平则会被迫退出市场。而企业创新则会通过企业生产率的提升，进而带动整个经济体的全要素生产率水平提升，进而抬升全要素生产率的临界水平。由于全要素生产率的临界水平抬升了，原本刚刚满足生产条件的企业难以维持生产，只能退出市场，而想要进行企业创新活动的要求提升，使得更高生产率水平继续开展创新活动。通过市场机制的优胜劣汰，又使得一部分较低生产率水平的企业退出市场，生产资源得以在较高水平生产率的企业之间再分配，从而对整个经济体的全要素生产率提升构成积极影响。

因此，要素市场扭曲、企业创新与动态环境对全要素生产率的作用机制见图 3-2。

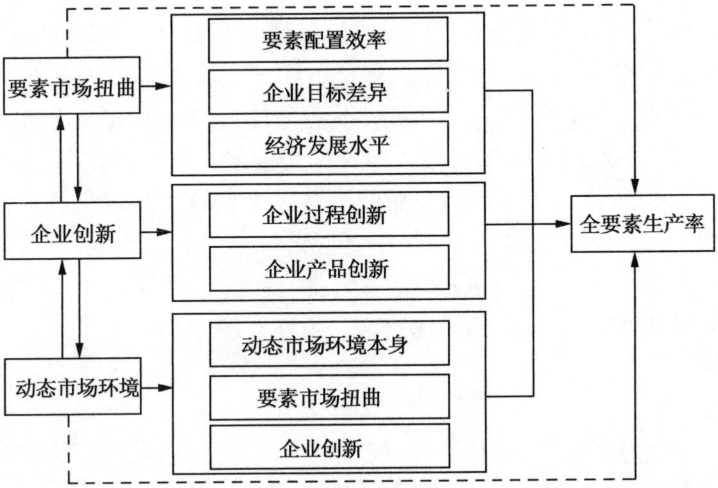

图3-2　要素市场扭曲、企业创新与动态市场环境对全要素生产率的作用机制

3.3　要素市场扭曲、企业创新与全要素生产率的理论框架

3.3.1　初始经济体

（1）最终产品

在垄断竞争的经济环境下，假定经济体中只有唯一的最终产品市场，其中企业只生产单一形式的最终产品，投入的生产要素为中间产品，由只生产中间产品的企业产出，生产函数的形式设定为替代弹性固定的（为常数的）生产函数类型（CES），CES 函数最早由 J. K. Arrow 和 R. M. Solow（1961）提出，之后 Dixit 和 Stiglitz（1977）进行了完善和拓展，被广泛运用于经济增长、科技进步、贸易理论的建模中①。根据 CES 的一般函数形式，最终产品的产出可以表示为：

$$Q=\left(\int_{\omega\in\Omega}q(\omega)^{\rho}\mathrm{d}\omega\right)^{\frac{1}{\rho}} \tag{3-1}$$

① Avinash K. Dixit，Joseph E. Stiglitz. Monopolistic Competition and Optimum Product Diversity [J]. The American Economic Review，1977（6）：297-308.

其中，Q 为产出，Ω 是中间产品集合，ω 是中间产品，q（ω）是中间产品的投入数量，σ 为中间产品之间的替代弹性，且 $\sigma=1/(1-\rho)>1$。当 $\rho\to1$ 时，$\sigma\to\infty$，中间产品之间可以完全替代，CES 是完全替代技术生产函数；当 $\rho\to\infty$ 时，$\sigma\to0$，则中间产品之间完全不能替代，CES 是完全互补技术生产函数；当 $\rho\to0$ 时，$\sigma\to1$，如果只投入两种生产要素，可以看作 C-D 生产函数。

最终产品的价格为 P，中间产品的价格为 p（ω），生产最终产品企业的最大化利润可表示为：

$$\max\pi=QP-p(\omega)\,q(\omega) \tag{3-2}$$

求解上式（3-2），可以得到 q（ω）的投入数量为：

$$q(\omega)=Q\left(\frac{p(\omega)}{P}\right)^{-\sigma} \tag{3-3}$$

（2）中间产品

生产中间产品的部门中，有很多家企业共同生产中间产品，设定每一个中间产品企业只生产一种中间产品，且对于每一家中间产品企业只投入劳动力记为 L。根据企业存在异质性①的假设，每一家中间产品企业的生产率各不相同，为 A（ω），A（ω）服从分布函数 G（A（ω）），$A(\omega)\in(0,\infty)$，中间产品企业的产量为：

$$Q'=\left(\int_{\omega\in\Omega}L(\omega)^{\rho'}\mathrm{d}\omega\right)^{\frac{1}{\rho'}} \tag{3-4}$$

其中，Q'是中间产品企业的产量，L（ω）是劳动，σ 是中间产品之间的替代弹性，σ 为常数且 $\sigma'=1/(1-\rho')$。当劳动力是同质无差别的，可以无弹性供给时，$\rho'\to1$ 时，$\sigma'\to\infty$，中间产品企业的产量可以简化为：

$$Q'=\int_{\omega\in\Omega}L(\omega)\mathrm{d}\omega \tag{3-5}$$

中间产品企业的生产成本可分为固定与可变两个部分，固定成本不受业务量增加或减少的变动影响，比如前期的固定资本投入；可变成本为随产量变化而变化的部分，在这里将可变成本看作与生产率相关的成本。中间产品企业的生产率越高，可以采用更低的可变成本组织生产。中间产品企业投入的资本可表示为：

$$L(\omega)=f_c+\frac{q(\omega)}{A(\omega)} \tag{3-6}$$

① 异质性存在于很多方面，比如产品质量、产品服务种类、生产率水平等，这里只考虑企业生产率异质性。

其中，f_c为固定成本，$q(\omega)/A(\omega)$为可变成本，取决于生产率$A(\omega)$，$q(\omega)$是中间产品的投入数量。

以往对中间产品企业的研究，往往设定一个代表性企业，而本书的研究建立在企业异质性的基础上，每个企业都拥有不同的企业生产率，无法用代表性企业简单概括，更加符合经济现实情况。在此基础上，假定在中间产品部门，会在企业组织生产时受到一个外部冲击，使得企业面临退出市场的可能，退出的概率为δ。

另外需要说明，对中间产品企业组织生产时，假定只需要投入劳动力一种生产要素，并不是不考虑资本或其他生产要素，也不代表只分析资本市场存在的要素扭曲问题，而是为后续的研究更加方便、模型更加简洁①。

通过以上分析框架，本书建立了一个包含两个部门的简单的理想经济体。下面将以此为基础，逐步引入要素市场扭曲、企业创新以及企业进入退出的动态环境，使之更贴近于现实状况，也更接近研究目标。

3.3.2　考虑要素市场扭曲

在异质性企业的前提下，首先考虑引入要素市场扭曲。要素市场扭曲作为一个广义概念，包括一系列市场机制偏离了完全竞争时的最优状况，出现了非优化配置的结果。在这一过程中，由于外部经济、工资差额、信息不对称等市场失灵情况，或者政府政策、进入退出壁垒、地方保护主义、价格管制等政府干预，使得市场机制不能发挥其调节作用，造成生产要素的非优化配置结果。

广义的要素市场扭曲②包括但不限于以下表现。第一，政府对企业生产过程的干预。由于政府鼓励措施或者免税、补贴政策，市场组织生产并不是为了市场需求，而很大程度上是由于政府引导所致。第二，成本较于非扭曲市场更高。补贴和激励政策使得企业进入和退出受到影响，由于本该退出市场的企业停留在市场内继续从事生产经营，更有生产优势的企业因而被排斥在市场之外，使得企业保持了较高的生产成本。第三，低效率和亏损企业留存在行业或市场内部，带来整个行业或市场的效率损失。由于政府的保护政策使亏损企业和低生产率企业免于退出行业和市场，导致加总的全要素生产率受到影响。第四，由于市场存在分割和保护，生产要素流动性不足，行业和市场内过剩的生产资源和产品难以被有效转移，而生产资源不足的行业和企业难以受到市场

① 也可视作短期生产函数，只有一种生产要素可变。

② Bruce M. Skoorka. Measuring market distortion: international comparisons, policy and competitiveness [J]. Journal of Applied Economics, 2010 (10): 253-264.

重视。

在这样的情况下，企业的可变成本除了受到本身的生产率水平影响之外，还由企业所处的行业或市场的要素市场扭曲所决定。对比来看，在不考虑要素市场扭曲的理想经济体中，企业的边际成本为：

$$mc(A(\omega)) = \frac{w}{A(\omega)} \tag{3-7}$$

其中，$A(\omega)$ 是企业的生产率水平，mc 是企业的边际成本，w 为劳动力的价格即工资。而当引入要素市场扭曲时，企业的边际成本为：

$$mc(A(\omega),\ \tau(\omega)) = \frac{w}{A(\omega)}(1 + \tau(\omega)) \tag{3-8}$$

其中 $\tau(\omega)$ 是要素市场扭曲程度。当企业面临的要素市场存在扭曲现状时，以劳动力价格为例，即工资水平不是市场的最优配置结果，$\tau(\omega)>0$，单位要素的价格会上升到 $w(1+\tau(\omega))$，企业的边际成本增加了，要求企业支付更多的价格来获得劳动投入，随着边际成本增加，企业对劳动的需求下降，由均衡状态下边际收益等于边际成本，企业面临的生产要素投入如图 3-3 所示。

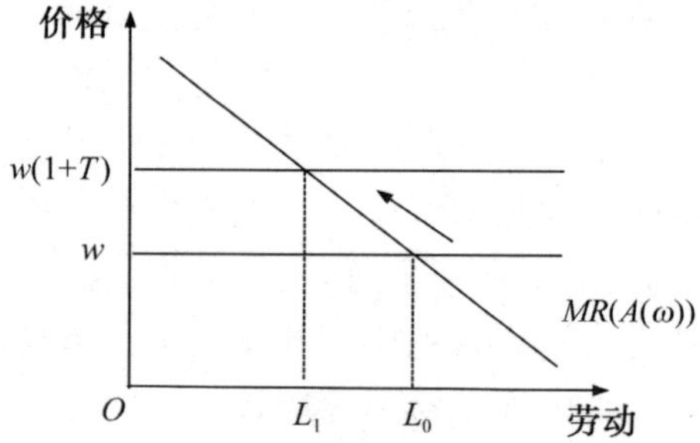

图 3-3　要素市场扭曲与企业生产投入

从图 3-3 中可看出，$\tau(\omega)$ 是企业面对的行业或市场的要素市场扭曲程度，当 $1+\tau(\omega)>1$ 时，企业获得生产要素的成本相比非扭曲市场增加了，企业对于生产要素的投入相比非扭曲市场降低了，相当于企业面临税收政策，并使得利润减少；当 $1+\tau(\omega)<1$ 时，企业获得生产要素的成本相比非扭曲市场是降低了，企业对于生产要素的投入相比非扭曲市场增加了，相当于企业面临政府补贴政策，企业增加利润所得，要素投入数量高于市场机制配置下的最优水平；而当 $1+\tau(\omega)=1$ 时，为企业面对的要素市场不存在扭曲。

需要说明的是，由于在企业的异质性前提下，每家企业的生产率水平并不相同，将企业的生产率分布函数定义为 $u(\omega)=v(A(\omega))$。

3.3.3　考虑创新

在以上企业异质性分析框架下，引入要素市场扭曲并对二者进行分析，接着再考虑引入企业创新。在本书所考虑市场当中，企业在从事生产经营的同时，还面临两种选择：一种是以初始状态的生产率水平维持生产，获得初始状态的利润；另一种是通过创新提高企业的生产率，使可变成本降低之后，以期获得更多的利润。考虑到企业创新的范围和内容较多，按照最常见的企业创新类型有过程创新和产品创新，这里企业创新指的是过程创新，即通过研发提高企业的生产技术水平，进而使企业生产率得到提升，同时使可变成本降低的过程。

在市场中正常从事生产的企业当中，有一家生产率为 $A(\omega)$ 的企业，决定通过企业创新提高生产率水平，那么企业将投入一部分生产要素用于企业研发创新，记为 f_I。研发创新投入的这部分 f_I，可以看作研发固定成本。企业通过创新，使得企业的生产率水平上升到 $\alpha A(\omega)$，其中，$\alpha>1$。但是由于创新的风险性，企业的创新成本增加并不一定会带来产出水平的增长和生产技术的改善，而是有失败的可能性。企业开展创新之后，也有可能并不能提升企业本身的生产率水平，在这里假定企业创新成本 f_I 是前期投入的固定成本，和产量增加不相关；同时将 α 的增加水平也看作企业创新带来的一般性的普遍增长，相当于投入创新成本后所带来的平均影响。

对于一家企业来说，维持初始状态的生产率水平可以维持生产，保持持续的经营状态，那么它为什么有动力冒险再去付出创新成本 f_I，来提升生产率水平呢？企业选择进行创新是因为不断追求利润最大化的目标，取决于为了创新而付出的成本与创新成功后可能获得的预期收益的对比，可以得到企业是否具有创新能力的前提如下：

第一个条件是：$\pi(\omega)\geqslant 0$

其中 $\pi(\omega)$ 是企业的利润，即企业进行创新成本投入的前提，必须是企业有盈余，才来进行创新的投入，否则企业维持生产获得盈利是最重要的选择，并不会从事创新开发。

第二个条件是：$A(\omega)\geqslant A^*(\omega)$

其中 $A^*(\omega)$ 是行业或市场上企业保持生产的生产率临界水平，企业的生产率只有高于它，企业才能在市场上继续存在，否则就要面临退出市场的风险，更没有动力进行创新投入了，这样的假定和现实状况相符，往往是有能力进行创新的企业才会有动力进行创新的选择。

企业通过创新成本的投入，提高了自身的生产率水平，整体行业或者市场的总体生产率分布函数也会随之变化，生产率临界水平也会跟着做出调整，进一步使得生产率内生化，并在很大程度上改变整个行业内的创新投入情况和创新程度，对整个行业的创新氛围形成起到了积极的影响。

3.3.4　考虑企业进入退出的动态环境

根据 Melitz（2003）的代表性研究，研究企业的进入和退出动态环境对区分要素市场扭曲的内涵型和外延型差别有重要意义①。当一个企业打算进入新的行业或市场后，首先按照初始化的生产率水平组织生产，$A(\omega)$ 为初始化生产率水平，进行一段时间的生产经营之后，会逐步意识到企业面临的要素市场扭曲程度，$\tau(\omega)$ 表示要素市场扭曲程度，之后根据要素市场扭曲现状和与市场的生产率水平对比，决定企业是继续留在市场内进行生产经营，还是退出市场。

当企业在进入市场时，要付出固定的进入市场成本，之后核算单位生产成本与生产率水平、资本要素扭曲程度、创新投入之间的关系。

$$f_N = f_P + f_E \tag{3-9}$$

假定已经进入市场，并维持在市场中正常经营的企业，未来可能也会面临退出市场的选择，退出市场的概率为 δ。而造成企业退出市场的原因是来自外生的冲击。外生冲击主要包含两个方面：一是生产率冲击，二是生产要素冲击。

其中，生产率冲击为 $Az(\omega)$，根据 Hsieh 和 Klenow（2009）的研究，生产率冲击服从帕累托分布；生产要素冲击为 $\tau L(\omega)$，服从对数正态分布。且关于企业动态做出以下假定：第一，企业做出进入市场的决定取决于预期收益和进入市场的成本的关系，当预期收益无法弥补进入市场的成本则不进入。第二，冲击都会发生。企业面对既定的外生冲击，都会做出合理且一致的反应。第三，企业是否退出市场取决于能实现多少利润，如果利润足够支付进入成本、固定成本、可变成本，企业会留在市场内维持经营，如果利润不足以弥补成本支出，企业将退出市场。

因此，企业的预期利润为：

$$\sum_{t=0}^{\infty}(1-\delta)^{t}\pi(\omega) \geqslant 0 \tag{3-10}$$

---

① Marc J. Melitz. The Impact of Trade on Intra-Industry Reallocations and Aggregate Industry Productivity [J]. Econometrica, 2003 (11): 1695-1725.

其中（1-δ）为企业还能留存在市场上的概率，π（ω）为利润。式（3-10）指的是企业未来的预期利润能大于零，企业就能继续维持生产经营。如果预期利润大于零的条件满足不了，企业则被迫退出市场。

对于中间产品部门而言，处于垄断竞争的市场环境，并且还面临要素市场扭曲现状，如果不考虑企业进入和退出的动态形式，由利润最大化原则可得到企业的定价为：

$$P(\omega) = \frac{1}{\rho}(1 + \tau(\omega)) \frac{w}{A(\omega)} \tag{3-11}$$

其中，P（ω）为中间产品定价，由于是垄断竞争环境，垄断竞争定价大于完全竞争市场的均衡价格，$1/\rho$ 是垄断竞争环境带来的产品价格放大效应，$1+\tau$（ω）是要素市场扭曲带来的产品价格放大效应，w 是工资，A（ω）是生产率。产品的定价与 $1/\rho$、$1+\tau$（ω）正相关，与 A（ω）负相关。由企业的销售收入与式（3-10）可得中间产品企业的利润为：

$$\pi(\omega) = \frac{r(\omega)}{\sigma} - f_N \tag{3-12}$$

其中，r（ω）是销售收入，f_N为考虑企业进入退出动态环境时，生产成本与进入行业成本之和。根据中间产品定价公式，企业的利润为销售收入与成本的差额。那么在此基础上，从事创新活动的企业的销售收入为：

$$r_I(\omega) = \alpha^{\sigma-1} r(\omega) \tag{3-13}$$

其中 $\alpha^{\sigma-1}$ 是销售收入较其他非创新企业的扩大效应。从事创新活动企业的利润为：

$$\pi_I(\omega) = \frac{r_I(\omega)}{\sigma} - f_N - f_I \tag{3-14}$$

其中，r_I（ω）是销售收入，f_N为考虑企业进入退出时，生产成本与进入行业成本之和，f_I为投入创新的成本支出。

因此，结合考虑到企业进入与退出动态时，对企业利润的要求式（3-10）和式（3-14），非创新企业的销售收入应大于 σf_N，创新企业的销售收入应大于 σ（f_N+f_I）。

通过从微观角度对企业面临的选择和经济环境的分析，到宏观角度的全要素生产率加总，下面给出均衡条件，并在此基础上求解全要素生产率，为后续微观机制运行建立理论分析基础。

3.3.5 全要素生产率求解

（1）一般均衡条件

综合以上经济环境中的最终产品部门和中间产品部门，引入要素市场扭曲、企业创新、考虑企业进入与退出的动态环境，可以在变量加总的同时，给出均衡条件。

考虑行业处于随时有企业进入退出的动态环境，企业在进入行业或市场之后才能感受到要素市场扭曲带来的资源配置效率变化，且对于每一家企业而言，要素扭曲的程度存在异质性，每家企业的要素市场扭曲为$\tau(\omega)$，密度函数为$z(\tau(\omega))$，分布函数为$Z(\tau(\omega))$；同时，根据企业的异质性还体现于企业生产率，那么用$\mu(A(\omega), \tau(\omega))$表示联合密度函数。根据企业的两个维度上的异质性，根据 CES 生产函数，可将最终产品部门的价格定义为：

$$P = \left(\int_{\omega \in \Omega_N} p(\omega)^{1-\sigma} \mathrm{d}\mu(\omega) + \int_{\omega \in \Omega_{\mathrm{I}}} p_{\mathrm{I}}(\omega)^{1-\sigma} \mathrm{d}\mu(\omega)\right)^{\frac{1}{1-\sigma}} \tag{3-15}$$

其中，$p(\omega)$为没有非创新企业的产品价格，$p_I(\omega)$为创新企业的产品价格，Ω_N为没有创新投入的企业集合，Ω_I为有创新投入的企业集合，$\Omega_N+\Omega_I=\Omega$[①]。

根据以上建立的基本模型，为了求解均衡状态下全要素生产率，本书给出以下的均衡条件。在均衡条件下，考虑到生产资源的稀缺性，可以从销售和生产投入两个方面得到资源的约束条件：

$$PQ = L + \Pi + T \tag{3-16}$$

其中，Π是垄断竞争市场上的企业总利润，T是要素市场扭曲表现，可以为税收、补贴或租金。该式表达的意思是，产品市场上销售获得的总价值，刚好用来支付资本、利润和扭曲表现。

将扭曲表现与劳动投入之比，即整体的平均要素市场扭曲程度定义为：

$$\tau = \frac{T}{L} = \int_{\omega \in \Omega_N} (1 + \tau(\omega)) \frac{L_p(\omega)}{L} \mathrm{d}\mu_N(\omega) + \int_{\omega \in \Omega_I} (1 + \tau(\omega)) \frac{L_p(\omega)}{L} \mathrm{d}\mu_I(\omega) \tag{3-17}$$

其中，T为扭曲表现，L为劳动投入总量，Ω_N为没有创新投入的企业集合，Ω_I为有创新投入的企业集合。与此同时，劳动总量应该正好等于用于产品

① 其中，$\mu(\omega)$的表述并不严谨，应该在$A(\omega)$，$\tau(\omega)$两个异质性维度上对所有价格进行积分。

生产的劳动投入，用于生产固定成本的劳动投入，用于投入创新的劳动投入，用于进入市场的劳动投入，可表示为：

$$L = L_P + L_F + L_I + L_E \tag{3-18}$$

其中，L 为产品生产的劳动投入，L_F 为生产固定成本的劳动投入，L_P 为投入生产产品的劳动投入，L_I 为投入创新的劳动投入，L_E 为进入市场的劳动投入。

（2）全要素生产率求解

在经济模型内求解全要素生产率，是本书的重要研究目的之一。在最初刻画经济环境的模型中，假设经济体内只投入资本一种生产要素，根据全要素生产率的定义，总产出与总投入的比值可以简化为总产出与劳动投入的比值：

$$TFP \propto \frac{Q}{L} \tag{3-19}$$

根据式（3-15）至式（3-18）中定义的一般均衡条件，所得全要素生产率为：

$$TFP = \left(\int_{\omega \in \Omega_N} \left(A(\omega)\frac{1+\tau}{1+\tau(\omega)}\right)^{\sigma-1} \mathrm{d}\mu_N(\omega) + \int_{\omega \in \Omega_I} \left(A(\omega)\frac{1+\tau}{1+\tau(\omega)}\right)^{\sigma-1} \mathrm{d}\mu_I(\omega) \right)^{\frac{1}{\sigma-1}} \tag{3-20}$$

其中 TFP 为全要素生产率，A（ω）为企业生产率，Ω_N 为没有创新投入的企业集合，Ω_I 为有创新投入的企业集合。τ（ω）为中间市场扭曲程度，τ 为整个经济体扭曲程度。可以看出，全要素生产率与企业的生产率和要素市场扭曲程度相关。

在以上分析全要素生产率的同时，我们也考察要素市场出清时，只考虑存在企业的创新行为，全要素生产率的情况：

$$TFP = \left(\int_{\omega \in \Omega_N} (A(\omega))^{\sigma-1} \mathrm{d}\mu_N(\omega) + \int_{\omega \in \Omega_I} (A(\omega) \mathrm{d}\mu_I(\omega) \right)^{\frac{1}{\sigma-1}} \tag{3-21}$$

在此基础上，消除要素市场扭曲的同时，不考虑企业创新行为的差别，可视作所有企业都不存在创新行为，或所有企业都选择进行开展创新活动时，全要素生产率为：

$$TFP = \left(\int_{\omega \in \Omega} (A(\omega))^{\sigma-1} \mathrm{d}\mu(\omega) \right)^{\frac{1}{\sigma-1}} \tag{3-22}$$

3.4 小 结

本章在对要素市场扭曲、企业创新与全要素生产率的形成机制与影响机制的理论分析基础上，建立了一个在垄断竞争市场上的异质性企业的理论框架。通过模型的扩展，引入要素市场扭曲来分析全要素生产率的损失，将企业创新行为和创新选择引入研究框架，考虑企业进入退出的动态环境对静态理论进行丰富，并在此基础上，在均衡条件下求解全要素生产率，为第四章微观机理分析和之后的实证分析打下理论基础。相比文献综述中常见的关于经济部门的理论模型，增加了对企业异质性前提的假设；相比 Hsieh 和 Klenow（2009）的经典理论模型，增加了中间产品市场。为了突出对全要素生产率的重点研究，并简化模型推导过程，本章只考虑了劳动力的投入，方便研究同一框架下的综合影响，并使结果简明扼要。

第4章 要素市场扭曲、企业创新与全要素生产率的机理分析

为了研究要素市场扭曲、企业创新与全要素生产率之间的关系，构建了在企业异质性假设下的经济研究框架，并在一般均衡条件下进行求解。本章将在此基础上，研究全要素生产率在微观角度的运行机理，从一个不包含要素市场扭曲、创新和企业进入退出动态的环境出发，逐步分析要素市场扭曲对全要素生产率的影响，企业创新和动态环境对全要素生产率的影响脉络，加总层面的变动情况。本章与现有研究不同的是，将逐步增加研究内容，以层层递进的方式研究对全要素生产率造成影响的因素，可以清晰地分析研究对其构成影响的脉络与微观机理；开拓性地研究三者之间的相互联系、作用机制。在此基础上，推导经济模型，扩展理论框架，分析微观机理和运行机制，并为之后实证研究提供理论基础支持。

本章主要包括以下四个方面：第一，通过对比存在要素市场扭曲的经济体与初始经济体，分析其对全要素生产率的影响，以及考虑动态环境下全要素生产率的变化；第二，考察企业创新与全要素生产率的关系，企业创新对全要素生产率有何贡献，以及考虑动态环境后加总生产率与生产率临界水平的变化；第三，全面考察三者在统一理论框架下的运行机制和相互作用；第四，在扩展的模型下，考察企业创新的前提条件和企业做出创新选择的依据，如何做出创新选择才最有效。

4.1 要素市场扭曲与全要素生产率的机理分析

本节从不包含要素市场扭曲、创新和企业进入退出动态的简单的初始经济体出发，之后重点考察要素市场扭曲对其影响机制。

4.1.1 不存在要素市场扭曲

为了逐步厘清每一部分对全要素生产率的影响程度和作用方向，首先先假定一个初始经济体，没有任何的要素市场扭曲问题，没有企业创新，也不考虑企业进入与退出的动态环境。对比目前现实经济环境是产品市场基本全面实现市场化，市场机制正常运行，能够进行资源的优化配置，而要素市场部分实现的市场化，价格手段不能全部反映市场的需求关系，资源配置存在效率损失的情况普遍。本书以现实经济环境为目标，以理想经济体作为开始，逐步引入研究对象，以期贴近现实情况。以初始市场环境作为起点，一方面方便逐步引入变量，逐步分析每个变量的影响程度；另一方面方便将之作为参考，与现实经济环境构成对比，也为我们逐步消除要素市场扭曲，全面推行市场化做出指引。

在初始经济体中，不存在要素市场扭曲，即 $\tau(\omega)$ 为零，不考虑企业创新，则企业不再划分为创新类企业和非创新类企业，那么，在达到一般均衡条件时，生产中间产品的企业的产品价格公式为：

$$P_N = \frac{1}{\rho}\frac{w}{A(\omega)} \tag{4-1}$$

其中，P_N是初始经济体中，中间产品价格，$1/\rho$ 是垄断竞争经济的价格加成，因为在垄断竞争条件下的均衡状态，商品价格高于完全竞争市场条件下形成的价格。w 是工资，即劳动力的价格，$A(\omega)$ 为企业生产率。在此情况下，企业的销售收入、利润与生产率分布函数都可以消除要素市场扭曲带来的影响。销售收入为：

$$r_N = R\left(P(\omega)\rho A(\omega)\right)^{\sigma-1} \tag{4-2}$$

市场达到均衡条件下可得：

$$TFP_N = \int_{\omega\in\Omega}\left(A(\omega)^{\sigma-1}\mathrm{d}\mu_N(\omega)\right)^{\frac{1}{\sigma-1}} \tag{4-3}$$

其中，$A(\omega)$ 为企业生产率，即表示在不存在要素市场扭曲的情况下，全要素生产率只和中间产品企业有关。

4.1.2 要素市场扭曲与全要素生产率

在上述初始经济状态中，首先引入要素市场扭曲，并考察中间产品市场中的要素供给，提出以下命题：

命题 1：要素市场扭曲使市场偏离最优配置，全要素生产率降低。

根据 Hsieh 和 Klenow（2009）的方法，定义了全要素生产率的产量形式与价格形式，分别为 *TFPQ*（ω）和 *TFPR*（ω），Bartelsman（2008）在对全要素生产率研究时，将 *TFPR*（ω）看作实际的全要素生产率。因此在不考虑要素市场扭曲的情况下，可得出：

$$TFPQ(\omega)=A(\omega)$$
$$TFPR(\omega)=P(\omega)A(\omega) \tag{4-4}$$

其中，*TFPQ*（ω）是 *TFP* 的产量形式，*TFPR*（ω）是 *TFP* 的价格形式，*P*（ω）是中间产品的价格，*A*（ω）是中间产品企业的生产率，因为只投入一种生产要素，所以单一要素同全要素生产率水平没有差别。

当存在要素扭曲的情况时，价格中包含因为要素市场扭曲带来的加成：

$$P_\tau(\omega)=\frac{1}{\rho}(1+\tau(\omega))\frac{w}{A(\omega)} \tag{4-5}$$

其中，（$1+\tau$（ω））是要素扭曲带来的价格加成，其中 $1/\rho>1$。当 τ（ω）是类似增加税收的政策时，则使得价格增加，要素市场扭曲则提高了企业均衡价格；当 τ（ω）是类似政府补贴的政策时，则使得价格降低，要素市场扭曲则降低了企业均衡价格。而无论哪种方向的扭曲，都使得新的均衡价格偏离了资源最优配置时的情况。

$$P_\tau(\omega)\neq P(\omega) \tag{4-6}$$

造成 $TFPR_\tau$（ω）偏离 *TFPR*（ω）的原因来自两个方面，一是要素市场扭曲增加了企业的边际收益产品，带来了额外的 $TFPR_\tau$（ω），二是 τ（ω）改变了企业产品价格，使得价格偏离于初始经济状态下的均衡价格，这两方面共同作用使 $TFPR_\tau$（ω）变化。因此，存在要素市场扭曲的情况使得市场配置偏离了最优状态。

对于中间产品企业来说，边际收益产品的含义为：多增加一个单位的劳动力，所带来的边际产品 *A*（ω），根据式（4-2），在参考经济体中，销售收入为 ρP（ω）*A*（ω）。而要素市场扭曲存在时，边际收益产品则是扭曲带来的加成（$1+\tau$（ω）），边际收益产品为：

$$MRP_\tau=\rho P(\omega)A(\omega)=1+\tau(\omega) \tag{4-7}$$

当要素市场处于最优配置状态时，中间产品企业之间的边际收益产品是相等的，并且在均衡条件下能达到最优化配置。而对比存在要素市场扭曲时，τ（ω）是类似增加税收的政策时，边际收益产品增加，中间产品企业雇用的劳动力低于初始经济状态下的雇用数量；而 τ（ω）是类似政府补贴的政策时，边际收益产品降低，中间产品企业雇用的劳动力高于初始经济状态下的劳动力雇用量。

对于两种状态下的全要素生产率变化，由式（4-3）代入可得：

$$\Delta TFP_\tau = TFP_\tau - TFP_N \tag{4-8}$$

$$\Delta TFP_\tau = \int_{\omega \in \Omega} \left(A(\omega) \frac{1+\tau}{1+\tau(\omega)}\right)^{\sigma-1} d\mu_N(\omega) - \int_{\omega \in \Omega} A(\omega)^{\sigma-1} d\mu_N(\omega) \tag{4-9}$$

其中，$\tau(\omega)$ 是要素市场扭曲程度，即每一家企业面临的不同的扭曲现状；τ 是扭曲表现与劳动投入之比，即整体的平均扭曲程度。下面根据 $\tau(\omega)$ 与 τ 的关系，讨论三种不同的情况：

第一种情况，$\tau(\omega)=0$ 时，即不存在要素市场扭曲时，扭曲表现与劳动投入之比，即整体的平均要素市场扭曲程度 τ 也为零，$\Delta TFP_\tau=0$，全要素生产率没有改变。

第二种情况，$\tau(\omega)\neq 0$ 时，即存在要素市场扭曲，但同时 $\tau=\tau(\omega)$，即对于所有企业来说，面临同样的扭曲现状，带来同样的扭曲后果。但在这种情况下，$\Delta TFP_\tau=0$，全要素生产率没有改变。这说明，当所有企业面临同样的税收政策或者补贴政策的时候，一致性的要素市场扭曲不会改变全要素生产率，而不平等或歧视的扭曲对待，才会带来全要素生产率的变化。

第三种情况，$\tau(\omega)\neq 0$，$\tau\neq\tau(\omega)$ 时，即企业面临的扭曲具有差异性，$\Delta TFP_\tau\neq 0$，全要素生产率偏离了最优配置时的生产率水平，出现了资源配置的低效率。

根据以上情况，可以得到以下推论：

推论 1：存在要素市场扭曲的经济体与初始经济体相比，企业销售收入、企业利润、经济体的全要素生产率都受到了负面的影响；且差异性的要素市场扭曲会造成全要素生产率损失。

4.1.3 考虑动态环境的要素市场扭曲与全要素生产率

在以上对要素市场扭曲与全要素生产率的考察中，将市场中的企业看作静态环境中的持续维持生产，只重点突出要素市场扭曲带来的损失，并没有考虑企业可能进入或退出市场。而下面考虑加入企业的进入与退出的动态环境，更加贴近现实情况，并分析进入企业、退出企业与在市场内部企业之间的资源配置，以及市场整体做出的反应。

命题 2：要素市场扭曲会影响企业进入退出选择，给经济体的全要素生产率带来负面影响。

根据 3. 2. 3 考虑企业进入与退出动态时，企业维持在市场中的持续经营有两个条件：

$$
\begin{aligned}
A_\tau(\omega) &\geqslant A_\tau^*(\omega) \\
\pi_\tau(\omega) &\geqslant 0
\end{aligned}
\tag{4-10}
$$

其中 $A_\tau(\omega)$ 是处于扭曲的要素市场中的企业生产率，$A_\tau^*(\omega)$ 是企业能够维持在市场中的持续经营的生产率临界水平，$\pi_\tau(\omega)$ 是企业的利润。可以看出企业要保持持续经营需要生产率大于能存在于市场的临界水平，并且销售收入在支付过生产所需成本，足够弥补支付进入市场时的成本时，才能继续留在市场中。

根据 Hsieh 和 Klenow（2009）的研究结论，企业的劳动边际收益产品与扭曲程度成正比：

$$MRPL_\tau(\omega) \propto (1+\tau(\omega)) \tag{4-11}$$

因为本书假定生产要素只投入一种，且通过加总中间产品企业的边际收益产品（MRPL），可得到企业的全要素生产率的价格形式：

$$TFPR_\tau(\omega) \propto (1+\tau(\omega)) \tag{4-12}$$

可以看出，价格形式下的企业生产率与要素扭曲程度成比例变化。根据式（4-10）与式（4-12），在市场找出一家企业，在前后两期面对不同要素市场扭曲程度，面临不同的生产率临界水平，并且第一期的扭曲程度更高，两式相比可以看到：

$$\frac{A_{\tau_1}^*(\omega)}{A_{\tau_2}^*(\omega)} \propto \frac{1+\tau_1(\omega)}{1+\tau_2(\omega)} \tag{4-13}$$

从上式可以看出，两家不同企业所面临的生产率临界水平与面临要素市场扭曲程度成比例变化，通过简单变换可以看出：

$$A_{\tau_1}^*(\omega) \propto \frac{1+\tau_1(\omega)}{1+\tau_2(\omega)} A_{\tau_2}^*(\omega) \tag{4-14}$$

对于企业在前后两期内面对不同扭曲程度的要素市场，可以讨论以下三种情况：

第一种情况，$\tau_1(\omega) > \tau_2(\omega) > 0$，即假定这家企业在前后两期都面临类似税收政策的要素市场扭曲，且第一期所面临的扭曲程度更高。生产率的临界水平要求需要提高自身的生产率水平才能继续在市场上持续经营，如果不能提高自身的生产率水平则会被迫退出市场。对比前后两期来看，由于生产率的临界水平与扭曲程度成比例变化，要素扭曲程度更高的第一期，生产率的临界水平也相应更高，企业需要更多努力和付出来提高自身生产率水平。

第二种情况，$\tau_1(\omega) > 0 > \tau_2(\omega)$，即假定这家企业在第一期面临类似税收政策的要素市场扭曲，在第二期面临类似补贴的要素市场扭曲。这家企业在第一期面临类似税收政策的要素市场扭曲时，生产率的临界水平要求需要提高自身的生产率水平才能继续在市场上持续经营，如果不能提高自身的水平企业则会做出被迫退出市场的选择；当这家企业第二期面临类似补贴的扭曲状况时，根据生产率临界水平的变化，本身低于临界水平的企业，因为受到补贴可以继续保持经营，不需要被迫退出。因此，原本努力提高自身生产率来维持生存的企业，仅依靠政府补贴就可以维持继续在市场上生存，并保持着更低的生产率水平，丧失了提升的动力。

第三种情况，$0>\tau_2(\omega)>\tau_1(\omega)$，即假定这家企业在前后两期都面临类似补贴政策的要素市场扭曲，且第一期的扭曲程度更高。根据生产率的临界值的变化，本身低于生产率临界值的企业，因为受到补贴可以继续保持经营，不需要被迫退出市场。对比前后两期来看，由于临界值生产率与要素市场扭曲程度成比例变化，这家企业在前后两期都没有动力提升生产率水平，且要素扭曲程度相比第二期来说，更高的第一期时企业更加不需要提高自身生产率水平。

从上面的分析可以看出，在面临税收政策的要素市场扭曲时，本身达到生产率临界值的要求且不需要退出市场的企业退出市场了；在面临类似补贴的要素市场扭曲时，本身没有达到生产率临界值的要求且应该退出市场的企业还留在市场内部，因此，可以得出结论，要素市场扭曲对企业经营状态以及加总生产率构成影响。

这一点在对比初始状态下的经济体时，更为明显。当市场中不存在要素市场扭曲时，企业是否能够留在市场内部继续生产，只需要考虑企业生产率与生产率临界值 $A^*(\omega)$ 的关系：如果企业生产率小于 $A^*(\omega)$ 则被迫退出市场，而企业生产率大于 $A^*(\omega)$ 则可以留在市场内部继续保持经营。于是，假定 $\tau_2(\omega)=0$，即初始经济状态下，由式（4-13）可得：

$$A_{\tau_1}^*(\omega) \propto (1+\tau_1(\omega))A^*(\omega) \tag{4-15}$$

因此可以看到，在存在扭曲的经济体中，企业生产率的临界值与初始经济体相比，只受到扭曲影响，并且成比例变化。同时，也可以将此看作在扭曲市场中，某些企业面临不平等或歧视性的扭曲，而某些企业没有面临扭曲的状况。企业面对的市场生产率临界水平如何变化，取决于扭曲政策的变化结果。

以上对于全要素生产率的负面影响进行了定性分析，那么损失程度究竟有多大，可以由下式表示为：

$$\Delta TFP = \int_{\omega\in\Omega_\tau}(A(\omega))^{\sigma-1}d\mu_\tau(\omega) - \int_{\omega\in\Omega}(A(\omega))^{\sigma-1}d\mu(\omega) \tag{4-16}$$

其中，ΔTFP 是考虑企业所处的动态环境时的全要素生产率的变化，Ω_τ 是考虑扭曲时的企业集合，Ω 是初始经济体内的企业集合，也可以看作同一经济体内部面临不同扭曲程度的企业集合。

由上式可以得到有些企业本身不需要退出市场，但由于要素市场扭曲的影响退出市场，可以称这一部分企业为被退出企业，就是指那些由于不平等或者歧视性扭曲政策影响，无法继续经营的企业，一般以中小企业与非国有制企业占主体；另有一部分企业本身应该退出市场，但由于要素市场扭曲的效应仍然留在市场内部，可以称这一部分企业为僵尸企业，就是指那些短期已经没有生产业绩且负债累累，但由于政策补贴或者金融支持从而避免破产倒闭的企业。从定义可以看到，被退出企业相比僵尸企业而言，生产率水平更高，而面临被迫退出、停止经营的地步，即要素市场扭曲造成了企业经营状态也出现了扭曲，加总的生产率水平遭受损失。并由此可以得出以下推论：

推论2：当要素市场扭曲是类似税收政策时，企业必须提高生产率，否则将成为被退出企业，退出市场。

推论3：当要素市场扭曲是类似补贴政策时，企业不需要提高生产率，进而维持较低水平的生产率，停留在市场内部，成为僵尸企业。

推论4：要素市场扭曲分为内涵型与外延型要素市场扭曲，内涵型造成全要素生产率损失，外延型造成企业进入退出的低效率。

4.2 创新与全要素生产率的机理分析

前文分析研究了要素市场扭曲对全要素生产率的影响，但对企业创新与之的关系分析不足，这一部分将从企业创新入手，考察动态环境下的企业创新的意义和作用，之后将三者纳入统一考虑，系统性分析要素市场扭曲、创新在全要素生产率中的影响和作用。

以往对创新与生产率的研究当中，比如 Houthakker（1965）、Samuel S. Kortum（1997）、BD Jones 和 FR Baumgartner（2005）在生产函数中，以多种方式增加创新作为生产要素或者要素增强系数①，来考察创新对于经济增长的重

① H. S. Houthakker. Economics and Blology: Specialization and Speciation [J]. KRKLO, 1965 (5): 181-189.

要性[①][②]。冉龙（2012）提出了资本增强型和劳动增强型分别研究创新对资本要素和劳动要素的投入加成[③]。而在以往考察了创新对于经济增长的作用的研究中，并没有关于企业创新能力进行研究，因此，本书不具体细分创新种类和创新进入生产函数的方式，而是从企业创新的广义范畴出发，研究企业在何种情况下会有创新倾向，以及其对于全要素生产率的影响方式和作用结果。

4.2.1 不存在企业创新

为了单独从企业创新角度研究其对全要素生产率的影响程度和作用方向，仍以初始经济体作为出发点，不考虑任何的要素市场扭曲问题，也不存在企业创新与市场中企业进入与退出的动态环境，企业没有采取任何创新行为对生产销售过程做任何改善，全部从事简单重复的生产活动。对比当前现实经济环境，即市场中存在不同程度的企业创新：某些企业在进行创新活动之后，对企业生产销售水平带来了显著提升，由于做出创新选择而明显使得利润增加，企业拥有更大的热情开展持续性创新；也有在开展创新活动之后，由于其存在一定的风险性，没有获得企业创新的成功转而回归之前的简单生产；也有企业决定开展创新活动一段时间之后，核算创新后的企业成本与收益，而选择放弃继续开展创新活动；而某些企业不具备开展创新活动的必要条件和前提，作为非创新企业持续之前的简单生产。

为了厘清每一部分的微观运行机制，从初始经济体出发，没有任何的要素市场扭曲问题，没有企业创新，也不考虑企业进入与退出的动态环境，市场机制正常运行并反映市场的需求关系，能够进行资源的优化配置。以现实经济环境为目标，以初始市场环境作为起点，逐步分析每种企业创新形式的影响程度，并与现实经济环境构成对比，也为我们合理推动企业创新，促进企业创新选择的良性循环做出指引。

在初始经济体中，不存在要素市场扭曲，即 τ（ω）为零，不考虑企业创新，则企业不再划分为创新类企业和非创新类企业，那么，在达到一般均衡条件时，生产中间产品的企业的产品价格公式与销售收入同式（4-1）与式（4-2），市场达到均衡条件下全要素生产率表达式为式（4-3）。

---

① Samuel S. Kortum. Research, Patenting, and Technological Change [J]. Econometrica, 1997 (11): 1389-1419.

② BD Jones, FR Baumgartner. The politics of attention: How government prioritizes problems [M]. 2005.

③ 冉龙，陈晓玲. 协同创新与后发企业动态能力的演化 [J]. 科学学研究，2012 (2).

4.2.2　考虑动态环境的企业创新与全要素生产率

考虑企业进入退出的动态环境，排除要素市场扭曲，重点突出二者之间的关系，根据存在企业创新的经济体与之前提到的作为理论出发点的初始经济体，对比研究企业创新对市场配置的影响，以及市场做出的反应。

命题3：企业创新可以提高创新企业生产率水平，优化资源配置，提高加总的生产率。

与初始经济体相比较，经济体内的企业分为两类，一类是创新类企业，一类是非创新类企业。参考式（4-5），可以将创新类企业的价格定为：

$$P_I(\omega) = \frac{1}{\alpha}P_N(\omega) \tag{4-17}$$

其中，P_I（ω）是创新类企业的价格，P_N（ω）是非创新企业的价格，$1/\alpha$是企业研发创新带来的价格影响。那么，企业的销售收入为：

$$r_I(\omega) = \alpha^{\sigma-1}r_N(\omega) \tag{4-18}$$

其中，r_I（ω）是创新企业的销售收入，r_N（ω）是非创新企业的销售收入。因此，可以重写两类企业的生产率分布：

$$\mu_N(\omega) = \frac{g(A(\omega))}{G(A_I^*(\omega)) - G(A_N^*(\omega))} \tag{4-19}$$

$$\mu_I(\omega) = \frac{g(A(\omega))}{1 - G(A_I^*(\omega))} \tag{4-20}$$

根据现实环境，创新企业面临的生产率临界水平更高，将两类企业做如下定义：

$$A_N^*(\omega) < A_N(\omega) < A_I^*(\omega) < A_I(\omega)$$

即非创新企业与创新类企业要满足其在市场上继续经营的条件，且创新类企业比非创新类企业面临更高的生产率临界值。因此，对于进入市场后的企业而言，有三种情况：

第一种情况，A（ω）$<A_N^*$（ω），即企业在进入市场后发现企业生产率没有达到市场上生产率临界值，则并没有满足存在于市场的要求，随即退出市场。

第二种情况，A_N^*（ω）$<A$（ω）$<A_I^*$（ω），即企业的生产率大于临界水平，但并没有达到最低创新要求。此时，企业满足了存在于市场的要求，但没有多余能力从事研发创新，只能维持基本生产经营。

第三种情况，A_I^*（ω）$<A$（ω），即企业的生产率不仅超过了市场上生产率的临界值，并且超过了创新生产率临界值，企业可以有充足的能力进行研发

创新，提高自身的生产率，并在市场内以更高水平进行生产经营。

在考虑企业创新的市场中，TFP 可以表示为：

$$TFP_{(I、N)} = \left(\int_{A_N^*}^{A_I^*} A(\omega)^{\sigma-1} \mathrm{d}\mu_N(\omega) + \int_{A_I^*}^{\infty} (\alpha A(\omega))^{\sigma-1} \mathrm{d}\mu_I(\omega)\right)^{\frac{1}{\sigma-1}} \quad (4-21)$$

相比初始经济体中并没有任何企业创新，所以尽管当前经济体中只有部分企业进行创新，但临界值仍然高于初始经济体的临界值水平，即：

$$A_{(I,N)}^*(\omega) > A_N{}^*(\omega)$$

其中，$A_{(I,N)}^*(\omega)$ 是存在企业创新的经济体中生产率的临界值，$A_N{}^*(\omega)$ 是初始经济体的临界值，从上式可以得出结论，企业创新的结果是使得生产率临界值水平被抬高。

对于加总层面的全要素生产率而言，可以将它与初始经济体的情况进行对比：

$$TFP_{(I、N)} = \left(\int_{\omega\in\Omega_N} A(\omega)^{\sigma-1} \mathrm{d}\mu_N(\omega) + \int_{\omega\in\Omega_I} (\alpha A(\omega))^{\sigma-1} \mathrm{d}\mu_I(\omega)\right)^{\frac{1}{\sigma-1}} \quad (4-22)$$

并根据式（4-3）与式（4-22），及其分布函数式（4-19）与式（4-20），定义全要素生产率的变化：

$$\Delta TFP_{(N、I)} = TFP_{(N、I)}{}^{\sigma-1} - TFP^{\sigma-1} \quad (4-23)$$

可得到：

$$\begin{aligned}\Delta TFP_{(N、I)} = &\frac{1}{G(A_I{}^*(\omega)) - G(A_N{}^*(\omega))}\int_{A_N^*}^{A_I^*} A(\omega)^{\sigma-1} \mathrm{d}g(A(\omega)) \\ &+ \frac{1}{1 - G(A_I^*(\omega))}\int_{A_I^*}^{\infty} (\alpha A(\omega))^{\sigma-1} \mathrm{d}g(A(\omega)) \\ &- \frac{1}{1 - G(A^*(\omega))}\int_{A^*}^{\infty} A(\omega)^{\sigma-1} \mathrm{d}g(A(\omega))\end{aligned} \quad (4-24)$$

由于$\frac{1}{G(A_I^*(\omega)) - G(A_N^*(\omega))} > \frac{1}{1 - G(A^*(\omega))}$可以根据$\Delta TFP_{(N,I)} > 0$，得出结论：

企业创新使得加总的生产率提升，通过企业创新使得以低水平生产率经营企业退出，优化配置并抬高了经济体加总的生产率水平，并根据上文得出以下推论：

推论 5：企业创新可以使高于生产率临界值但仍处于低水平生产经营的企业退出市场。

推论 6：企业创新可以在考虑企业进入退出的动态环境下使生产资源向研发企业转移。

推论 7：企业创新可以在动态环境下使非创新企业减少，创新类企业增加，并通过生产率临界水平升高，使得整个经济体的创新氛围增强，创新企业比例增加。

4.3　考虑动态环境的要素市场扭曲、创新与全要素生产率的机理分析

在分别研究了包含企业进入退出动态环境下要素市场扭曲与全要素生产率、创新与全要素生产率的关系之后，下面将要素市场扭曲、创新与全要素生产率纳入一个理论框架，研究三者之间的共同作用，提出以下的命题：

命题 4：要素市场扭曲与企业创新使得非创新类企业开展创新的难度加大，要素市场扭曲通过对企业创新的影响造成了经济体内全要素生产率的损失。

在加入要素市场扭曲后，相比初始经济体的生产率而言，企业面对经济体内的要素市场扭曲，需要在抬高的生产率临界值要求下进行生产，这与现实经济环境一致，根据式（4-15）中生产率临界值与要素扭曲程度成比例变化，并设定初始经济体的要素扭曲为零，可得：

$$A_{\tau}^{*}(\omega) \propto (1+\tau) A_{(\omega)}^{*} \tag{4-25}$$

其中，A_{τ}^{*}（ω）为经济体中存在扭曲时的生产率临界水平，$A_{(\omega)}^{*}$为初始经济体中企业生产率的临界水平，τ 是经济体的平均扭曲程度，可以从上式看到存在要素市场扭曲时，生产率临界值抬高了（$1+\tau$）。

下面考虑加入企业创新和要素市场扭曲两个要素后，与只存在扭曲、没有创新的情况相比。根据企业开展创新的两个条件，即式（4-25）：π（ω）$\geqslant 0$，A（ω）$\geqslant A^{*}$（ω），将企业创新和存在要素市场扭曲时的经济体的企业生产率表示为：

$$A_{(I、\tau)}^{*}(\omega) = \inf\{A^{(I、\tau)}(\omega):\ A^{(I、\tau)}(\omega) \geqslant A_{\tau}^{*}(\omega),\ \pi_{(I、\tau)} \geqslant 0\} \tag{4-26}$$

当要素市场扭曲与企业创新并存于经济体时，对企业生产率要求需要进一步提高到，不仅要大于抬高的生产率临界水平，并且要有利润。综合式(4-25)的计算结果，可以得到：

$$A_{(I、\tau)}^{*}(\omega) = \gamma A_{\tau}^{*}(\omega) \tag{4-27}$$

其中，$A_{(I,\tau)}^{*}$（ω）为经济体中并存要素扭曲与企业创新时的企业生产率临界值，A_{τ}^{*}（ω）为经济体中存在要素市场扭曲时的企业生产率临界值，上式中

可看出系数大于1[1]，所以从上式看到在并存要素市场扭曲与企业创新的经济体中，因为企业创新使得生产率临界水平抬高了。将式（4-15）带入式(4-27)，可以将并存要素市场扭曲与企业创新时经济体的企业生产率临界水平与初始经济体进行对比：

$$A^*_{(I、\tau)}(\omega)=\gamma(1+\tau)A^*_{(\omega)} \tag{4-28}$$

从上式中可看出，要素市场扭曲与企业创新都使得企业生产率临界值向上抬高了，在市场内并存要素市场扭曲与创新因素时，企业想要创新就得具备更高的生产率，企业创新不仅要考虑创新所带来的创新投入，也要考虑要素市场扭曲带来的成本变化。对比之前单独对要素市场扭曲与企业创新的研究，这里在并存二者的经济体中，讨论以下四种情况：

第一种情况，$A(\omega)<A^*(\omega)$，即企业生产率达不到留在市场内部的企业生产率临界值时，即使企业进入市场内部，也会因为生产率太低，随即退出市场。

第二种情况，$A^*(\omega)<A(\omega)<A^*_\tau(\omega)$，即企业生产率大于留在市场内部继续经营的生产率临界水平，却因要素市场扭曲存在，生产率临界水平抬高而退出市场。

第三种情况，$A^*_\tau(\omega)<A(\omega)<A^*_{(I,\tau)}(\omega)$，即企业的生产率大于存在要素市场扭曲时的临界水平，但没有达到在要素市场扭曲条件下的创新标准。在这一阶段有两种类型的企业：第一种类型是，企业可以留在市场内部维持持续的生产经营，但企业只是维持单调重复的生产，没有创新的动力；第二种类型是，企业本身具有创新的动力和能力，但是由于要素市场扭曲的存在，类似税收政策的作用，使得企业生产率落在这一区间，丧失了创新的能力，可以称这一类型企业为被迫非创新型企业。在现实经济环境中，由于政策或银行缺乏支持和投入，本身具备创新动力的、优质的创新型企业，降低为简单重复生产的非创新型企业。

第四种情况，$A(\omega)>A^*_{(I,\tau)}(\omega)$，即企业的生产率大于市场中并存要素市场扭曲与企业创新时的临界水平。当企业生产率处于这一阶段，也有两种类型的企业：第一种类型是，企业本身生产率较高，能在要素市场扭曲与企业创新要素并存的市场存活，并有足够的实力和动力进行创新，这一类型企业生产率较高，能够克服扭曲带来的负面影响，能够支付企业研发投入，是优质的创新企业；第二种类型是，企业本身可以在要素市场扭曲的环境下保持继续经

---

① 其中，$\gamma=\left(\frac{f_I}{(\alpha^{\alpha-1}-1)f_p}\right)^{\frac{1}{\sigma-1}}>0$。

营，但并没有创新的能力，而由于要素市场扭曲的存在，类似政府补贴政策的作用下，使企业获得了更多的补助和支持，生产率提高到这一区间，可以称这一类型企业为被迫创新企业。在现实经济环境中，由于政策或银行的支持和投入，本身不具备创新能力的企业开始了创新，成为不具备创新能力的、次级创新型企业，这种情况在国有企业中尤为常见。

从上述的分类中可以看出，退出创新领域的优质非创新企业比进入创新领域的次级创新企业品质更高，效率也更高，创新的主动性和能力也更强，因此可以从定性的角度看出加总的全要素生产率损失了。

至此，综上所述可以将损失表示为：

$$\Delta TFP = \Delta TFP_{\tau} + \Delta TFP_{(\tau、E)} + \Delta TFP_{(\tau、I)} \tag{4-29}$$

其中，ΔTFP 是全要素生产率损失，ΔTFP_{τ} 是要素市场扭曲引起的资源配置偏离最优水平所带来的损失，$\Delta TFP_{(\tau、E)}$ 是要素市场扭曲在动态环境下引起的全要素生产率损失，$\Delta TFP_{(\tau、I)}$ 是要素市场扭曲和企业创新并存于经济体时全要素生产率的损失。

需要说明的是，上述的分解只是定性地从微观渠道对全要素生产率的损失进行划分，便于理解其微观运行机制，以及之后的实证研究，并没有考虑它们之间的交互作用以及定量分析，不具备具体计算功能。

在此基础上，得出以下推论：

推论8：要素市场扭曲对于企业创新而言具有双向的作用，使得某些企业被迫创新，也使得某些企业被迫放弃创新。

推论9：在要素市场扭曲与企业创新并存的市场中，具有创新动力的企业数目更少。

4.4 关于企业创新的进一步研究

上文分析了要素市场扭曲、创新与全要素生产率之间的影响，研究了要素市场扭曲如何影响资源配置偏离最优水平、如何通过企业进入退出选择影响企业创新，并得出要素市场扭曲和企业创新对生产率临界值具有抬高作用，但对企业创新选择的分析仍显不足。尽管无论企业选择自主还是模仿创新模式都会提高企业的生产率并获得更多的利润，但为何大量企业维持进入市场的初始状态，只获得基本利润，并不选择开展创新活动。为进一步研究企业创新选择的依据和原因，本节将对企业创新选择进行研究。

根据上一章关于企业创新能力的分析，可以看出企业具有创新能力的前提包括：一是企业的利润大于等于零（$\pi(\omega) \geqslant 0$），企业有利润来进行创新的投入，否则企业维持生产获得盈利是最重要的选择，并不会从事创新开发；二是企业的生产率高于市场的生产率临界水平 $A(\omega) \geqslant A*(\omega)$，企业的生产率只有高于等于临界水平，才能在市场上继续生存，否则就要面临退出市场的风险，没有能力进行创新。但是，市场上有许多具备创新能力的企业，为什么不是所有符合条件的企业都开展创新活动。根据现实经济的情况，创新企业数量并不占优势。

根据 Metliz（2003）对企业创新的研究，将企业是否选择创新的影响因素分为两类，分别是企业内部因素和外部因素。其中，内部因素指的是企业的异质性特征，包括企业生产率水平、企业规模大小、企业的所有制类型、企业的年限等；企业外部因素即企业所处经济环境因素，包括企业所在地区、行业等。由于企业创新的内涵一般包括产品创新和过程创新，前文根据过程创新直接提高企业生产率来考察创新的影响结果，本节从产品创新的角度，来考察企业创新选择的依据。

当企业选择进行创新后，企业的利润可以表示为：

$$\pi_I(Z_{it}, X_{it}) = p_I(\omega) q_I(\omega) - f_I \tag{4-30}$$

其中，$\pi_I(Z_{it}, X_{it})$ 为利润，$p_I(\omega)$ 为创新产品的价格，$q_I(\omega)$ 为创新产品产量，f_I为创新成本。那么企业创新选择可分为两种情况：

（1）当 $\pi_I(Z_{it}, X_{it}) > 0$ 时，$CX=1$；

（2）当 $\pi_I(Z_{it}, X_{it}) < 0$ 时，$CX=0$。

企业是否做出创新选择，和企业做出进入市场的决定类似，取决于预期收益和选择创新的成本的关系，当预期收益大于选择创新的成本时，企业做出进入市场的决定，$CX=1$；如果预期收益小于选择创新的成本则不进入创新，$CX=0$。

根据第三章对创新的分析可知，由于创新的风险性，企业的创新成本不是投入后就一定能获得产出的增加，而是有失败的可能性，企业开展创新之后，也有可能并不能提升企业本身的生产率水平，在这里假定企业创新成本除 f_I 之外，还有创新的沉没成本 f_S。根据 RE Baldwin 和 P Krugman（2004）关于沉没成本的研究，本书将创新的沉没成本定义为关于创新选择的函数①，并且从企业选择创新起连续投入。那么企业创新沉没成本可以表示为：

---

① RE Baldwin, P Krugman. Agglomeration, integration and tax harmonization [J]. European Economic Review, 2004 (2): 1-23.

$$f_S = f_S(CX_{i(t-1)}) \tag{4-31}$$

其中，f_S 为创新的沉没成本，$CX_{i(t-1)}$ 为上一期的创新选择。根据 RE Baldwin 和 P Krugman（2004）的研究，上一期的创新选择将对当前时期产生影响，而当前时期的创新选择由于物质资本投入的滞后性与创新成果的滞后性，将对下一期的创新选择构成影响。那么企业选择的条件可以表示为：

$$\pi_I(Z_{it}, X_{it}) = p_I(\omega)q_I(\omega) - f_I - f_S(CX_{i(t-1)}) \tag{4-32}$$

最终企业是否做出创新选择，不仅在于企业是否具备创新能力的前提条件，更取决于企业选择创新之后预期收益和成本的衡量。

综上所述，本章具体研究结果如下：

第一，关于要素市场扭曲与全要素生产率得到以下结论：要素市场扭曲，使市场偏离最优配置，加总的生产率水平降低。要素市场扭曲会影响企业进入退出的动态环境，当要素市场扭曲是类似税收政策时，企业必须提高生产率，否则将退出市场；当要素市场扭曲是类似补贴政策时，企业不需要提高生产率，进而维持较低水平的生产率，继续停留在市场内部。内涵型的要素市场扭曲造成全要素生产率损失，外延型的要素市场扭曲造成市场优胜劣汰的低效率。

第二，关于企业创新与全要素生产率得到以下结论：企业创新可以提高自身生产率水平，提高加总的全要素生产率。企业创新可以在生产率临界水平之上，但生产力水平仍然较低的企业退出，在动态环境下使要素向研发企业聚集，并使非创新企业数量减少、创新类企业数量增加，并通过抬高生产率临界水平，使得整个经济体的创新氛围增强、创新比例扩大。

第三，关于要素市场扭曲、企业创新与全要素生产率得到以下结论：市场同时存在扭曲和创新，这将使企业创新的条件更加苛刻。要素市场扭曲通过对企业创新的影响造成了经济体全要素生产率的损失。要素市场扭曲对于企业创新而言具有双向的作用，使得某些企业被迫开展创新，也使得某些企业被迫放弃创新；主动开展创新的企业数量更少。

第四，关于企业创新的进一步研究中，得到以下结论：企业在具备创新能力的前提下，才会去衡量选择创新后带来的预期的创新收益与创新成本的关系，并且以此为依据，决定企业创新与否。

4.5 小　结

本章从建立的初始经济体出发，对比有无要素市场扭曲、有无企业创新时全要素生产率的变化和影响渠道，并考虑企业进入与退出本身和其与要素市场扭曲与企业创新的共同作用，之后综合考察要素市场扭曲、企业创新与动态环境对全要素生产率影响的运行机理。并在理论分析的基础上，在异质性企业前提下，建立了涵盖要素市场扭曲、企业创新与全要素生产率的分析框架，并通过加入经济变量的方式，使之贴近现实经济情况，并方便研究它们之间的相互联系和影响脉络。通过逐步加入研究变量，便于聚焦于每个具体研究目标，重点分析逐个变量的运行机制，简化模型推导，也便于最后逐步加总研究综合效用。

第5章　中国要素市场扭曲、企业创新与全要素生产率的特征研究

在建立要素市场扭曲、企业创新与全要素生产率研究框架以及微观机制运行分析的基础上，为了给实证研究提供现实基础，也更好地贴近并研究中国情况，首先需要根据中国的要素市场扭曲、企业创新与全要素生产率的具体变化特点，把握现实特征。因此，本章从研究目标的现状出发，分析特征规律，掌握形成现状的内在原因和历史背景。中国情况的特征研究为后续的实证研究提供现实基础，更为将理论分析工具运用在中国实际问题的解决上更具有现实意义。因此，本章是下一章实证研究的现实基础，为实证研究的设计和解释做好准备。

本章主要内容包括：第一，通过对中国要素市场扭曲现状的研究，从基本的生产要素入手，分别归纳最主要的生产资源的扭曲现状及特征，并在此基础上，分析造成要素市场扭曲的历史由来；第二，考察企业创新的发展特征，研究中国企业创新与现时经济发展水平之间的关系，在工业化中期时物质资本、人力资本与技术投入的特点，以及企业创新在这一阶段表现出的特征；第三，从全要素生产率的提升障碍入手，分析政府政策、工业化水平、经济发展水平和创新技术水平对其构成的影响，并对世界主要国家的全要素生产率变化特征进行对比研究。

5.1　中国要素市场扭曲的特征研究

中国改革开放40多年以来，随着市场化步伐的不断推进，产品市场已基本建立市场经济调节制度，而要素市场的市场化程度相比产品市场还远远滞后，对于目前迫切需要加快要素市场化改革进程、推进供给侧结构性改革，提

升中国持续经济增长，有必要对中国的要素市场配置扭曲的现状、特征以及历史由来进行分析。

5.1.1 中国要素市场扭曲的现状

从中国经济体制由计划经济体制向市场经济体制的转变开始，这种渐进式的进程中就存在时空变化的不同步性。Young（2002）在研究中国改革开放的渐进过程时，提出了扭曲造成扭曲的论点：体制存在扭曲即使进行渐进式的改革仍然会带来扭曲问题①。而在各个领域里出现的扭曲问题当中，要素市场受到最多关注。本节从最主要的四种生产要素入手，分析中国要素市场扭曲的现状。

（1）资本要素

资本市场的扭曲问题，在整个要素市场扭曲中是最重要的问题，由于资本的特殊性与扭曲所产生的主体，企业体制差别一直是资本市场扭曲的研究重点；资本市场存在的分割性，对区域之间的资本流动构成障碍，随着企业的规模扩大，也越来越受到重视；此外，资本市场上很大程度上的扭曲问题来源于政府的干预。

从国有企业和非国有企业获得融资支持的角度来看，非国有企业获得银行贷款的难度显著大于国有企业，非国有企业在资本市场上仍然受到显性或隐性的融资歧视。根据世界银行 2012 年对中国国有企业的调查数据结合当年的中国金融年鉴，可以看出非国有企业的贷款笔数满足率为 78.3%，金额满足率为 79.3%；贷款未批准的理由依次为：企业经营状况不达标，杠杆率过高，金融机构资金量控制，审批控制，企业信用不合格，拖欠利息，第三方担保资质，抵押品质量等。非国有企业最常使用的融资渠道依次是：银行贷款占 35.7%，自筹占 19.7%，挪用资金占 17.4%，民间借贷占 15.7%，票据融资占 8.2%，外商投资占 2.8%，证券市场融资占 0.6%。而国有企业贷款笔数满足率为 91.6%，金额满足率为 93.2%，且对国有企业贷款余额占了全部金融机构贷款的 43.6%。而根据 Ross Garnaut（2000）对中国国有企业银行贷款的研究，认为非国有企业所获得的银行贷款达不到20%，国有企业所获得的银行贷款达到80%之多②。虽然随着非国有企业的发展，规模和效益的不断增长，对中国经

① IM Young. Civil Society, Corporate Social Responsibility and China [J]. China Business Review, 2002 (1): 34-38.

② Ross Garnaut. China and the future of the international trading system [M]. ANU Research Publications, 2000.

济的贡献已超过50%，且非国有经济已经成为国民经济的重要组成部分，但所有制企业类别在获得资本支持的角度上看仍然存在诸多歧视性差异。国有企业对国民经济的贡献占比持续下降，但以国有商业银行为代表的金融机构仍倾向于向国有企业融资。

除企业依靠金融机构贷款或其他融资方式扩大规模之外，企业之间的兼并重组也是资本扩张的有效手段。由于政府政策干预，企业兼并重组的市场化手段运行过程中，往往也有政府的身影存在。地方政府为了追求地方税收收入或局部经济收益，出于维持本地区的经济活力的目的，防止发展机会或就业机会流动到其他省区市，经常采用激励机制或阻碍性政策，防止本地的优质企业将投资机会让出，并采用各种手段使得投资行为本地化。而随着经济发展、改革不断深化，兼并重组作为重要的市场化手段，因为政府干预，导致合理的兼并重组受阻，并没有发挥最优配置的功效。

随着市场化的推进，尤其是银行间同业拆借利率越来越发挥市场化调节作用，银行间的资金流动也越来越合理规范。但由于央行仍然在银行存款再分配过程当中起到至关重要的作用，尤其是央行的地方分行与地方经济、地方政府关系密切，往往体现在金融机构倾向于加大对当地企业的金融支持。通过资本要素的再配置，政府和国有部门获得较大的额外收益。贷款的再配置没有按照市场的原则进行，影响了资本价格、实际利率以及获得资金支持的难易程度，从而导致了不同行业之间、不同部门之间的资本再配置问题，使资本扭曲具有了鲜明的地方政府分割性特色。

由于政府对金融机构的干预中，过度干预与管理缺位并存，金融机构对跨地区的金融项目具有很强的主观需求。金融机构在对本区域的优质客户过度授信的同时，外地企业资金短缺或金融服务不完善情况普遍存在，迫切需要多样化、多渠道的融资渠道补充资本存量。然而现实情况中，企业的跨地区融资在主要的融资渠道中占比仍然较低。企业的资本来源主要依靠银行为主的金融机构，进行跨区域融资的水平远低于发达国家水平。

除了政府干预金融机构外，行政手段或财政手段影响资金配置也是造成资本市场扭曲的重要原因。由于繁杂的手续、冗长的行政审批，对企业投资行为构成影响和障碍，而近些年的简政放权、简化政府审批手续也旨在削弱政府行政体系给资本市场带来的不良影响。另外，从政府财政支出逐年增加的趋势，也可以看出政府的行政手段或经济手段对微观经济的干预，从2008年财政支出的49781亿元增长至2016年的187755亿元，仅2016年一年，财政支持项目累积达到4.6万亿元，政府财政支持项目也在资金的配置中具有重要地位。

（2）劳动力要素

劳动力扭曲主要体现在两个方面，即户籍制度引起的劳动力跨区域流动问题，以及区域内的劳动力扭曲问题。

劳动力市场的扭曲表现主要是劳动力跨区域流动时受到诸多限制，从十年前限制外来人口流动，出台针对外来人口的歧视性劳动制度，造成了劳动力跨区域、跨行业之间的流动不畅。由于地方政府重视对地方劳动力的保护，优先保证地方经济发展与就业率的稳定，对农民工子女义务教育、享受国家社保、办理许可证件、购买商品房、享受医疗保障、计划生育、技术资格评审、考试鉴定、参加民主选举等方面，存在对劳动移民不平等和不公正态度。但随着经济发展、中国人口老龄化趋势、劳动力资源日趋不足，各省区市对户籍管理制度及准入门槛纷纷降低，吸引劳动力落户。近五年内各地方政府对于劳动力的吸引政策已经发生了较大变化。比如，2017 年开始武汉提出百万人才留汉计划、成都提出人才新政 12 条、郑州的招贤令、西安的历来最宽松落户政策。不仅各省市省会开展了各种人才吸引落户政策，包括北上广深等一线城市也加大了侧重高端人才的引进力度。具体政策见表 5-1。

表 5-1　2014 年与 2018 年落户政策对比

城市	2014 年		2018 年	
	政策	政策目标	政策	政策目标
北京	积分落户政策（缴纳社保满 7 年、持居住证、不超 45 岁，硕士以上）	严控人口增长；疏解非首都功能转移	积分落户；20 条国际人才新政；外籍、高端人才、科研专家积分优先	倾向高端人才
上海	积分入户制度（持居住证、缴纳社保满 7 年，硕士以上）	严控人口增长；政策倾斜高学历、高科技、海归人才	积分入户；拥有中级以上职称；高于上海平均工资 2 倍	倾向高技术、投资和创业人才
天津	积分入户试行期（每年设定指标两万人）	引进人才落户总量限制	符合天津引进人才年龄和学历条件，缴纳社保满 1 年	倾向青年和技能型人才
广州	积分入户（20~45 周岁；缴纳社保满 4 年；持居住证）	鼓励人才落户，解决劳动力短缺	积分入户；学历入户；技能人才入户	倾向青年劳动力、实用技能人才

续表

城市	2014年		2018年	
	政策	政策目标	政策	政策目标
武汉	积分入户（35岁以下本科，40岁以下硕士；合法固定住所）	有计划地、渐进地吸引人才，发展本地经济	毕业3年以内，本科学历直接落户	满足中心城市快速发展壮大需求、吸引劳动力、吸引青年人才
西安	35周岁以下，签订劳动合同，缴纳社保满5年，合法固定住所	有计划地、渐进地吸引人才，发展本地经济	持有学生证、身份证直接落户	满足中心城市快速发展壮大需求、吸引劳动力、吸引青年人才

由表5-1可看出北上广深等一线大城市，由于城市规模限制、城市承载能力要求，实行较高门槛的户籍准入制度，侧重吸引高端人才、外籍人才落户；而天津、武汉、西安等二线城市，由于人口红利消失、老龄化问题日益凸显，劳动力争夺的重点在于青年人才，留住人才，尤其是青年人才，成为区域竞争的焦点。除此之外，各省市各区域也因为争夺劳动力，而逐步打破了户籍制度对劳动力流动的限制。

随着社会普遍劳动力不足、对劳动力需求的扩大，并伴随着劳动力户籍制度的放松，劳动力市场的区域性分割有了很大程度上的缓解，但劳动力市场跨区域流动障碍仍然存在。尤其对于农村劳动力及其他从事低端服务行业的务工人员而言，落户政策很难实现。各地的落户政策以及相关的福利待遇都没有向这部分底层劳动力人口倾斜，但基础性的工人和务工务农人员作为中国劳动力市场中的重要构成，对于城市建设与经济发展不可或缺。

除了劳动力的区域间流动问题之外，劳动力的区域内问题也十分突出。劳动力的区域内问题主要表现在劳动力的差异待遇上，具体包括部门之间的差异待遇和部门内部的差异待遇。部门之间的差异待遇，主要指体制内外劳动力的差异待遇。体制内即国有部门、政府机构或其他传统部门，市场化程度低，工资待遇还是以固定收入为主，平均分享色彩浓厚，缺乏对质量和数量的衡量，体现不出劳动力的个体差异。而体制外即非国有部门、非政府主导部门，包括中小企业或者大型跨国企业等，由于劳动力配置的市场化程度高，劳动力的进入门槛较体制内部门较低，劳动报酬更多地由市场决定。而依据市场的配置功能，劳动报酬的差异性得以凸显，人力资本根据其价值得到不同程度的对待。同时，体制内外劳动力的差异待遇，也存在于部门内部。对于企业内部的员工也有体制内和体制外之分，体制内劳动者享受各项福利待遇，平均性质的工资普遍均高于体制外劳动者。体制外的劳动者多包括临时工、短期工等，缺乏话语权、缺乏工作稳定性、随时会失去工作，往往与体制内劳动力相比同工不同酬现象普遍，甚至强度更大，收入更低。

（3）土地要素

土地要素市场的扭曲主要体现在两个方面，一是土地的征用，二是土地的出让。

由于中国是人口大国，相比人口而言土地要素非常稀缺，按照土地的市场化配置，土地价格应符合市场规律，然而由于产权问题或政府政策，中国土地市场存在着严重的要素扭曲问题。尤其在土地征用时，因为只有政府才能出现在一级市场上，并具有垄断地位，由于地方经济发展、执政期间经济指标考核、寻租行为等因素，政府倾向于改变土地的原始用途并将其转换为商业用地以进行销售。在这一过程中，政府支付原有用途即农业用地的费用，却按商业用地收取收入。在征用过程中的土地价格补偿远远达不到市场机制所能达到的均衡价格，造成了社会损失，形成了土地要素市场扭曲。

当政府取得土地的所有权之后，在土地的出让过程中，同样也存在着严重的土地要素市场扭曲的问题。政府通常为了招商引资或在短期内迅速提高经济收入，采取划拨、协议转让的方式，以远低于市场均衡价格的水平，廉价出让土地资源；或以竞价、拍卖的方式，尽可能地获得高额利润。由于地方经济发展数据是考核地方官员的重要指标，地方政府倾向于干预土地价格、干预土地供给来体现政绩，土地出让过程也使得地方官员与土地要素市场关系愈加紧密。根据 2016 年国务院发展研究中心的调查数据，在一些地区，40%的地方收入来自土地税和城市扩张，土地出让金带来 60%的预算外收入。根据财政部的数据，2017 年全国国有土地变更用途并出让金额达到 52059 亿元，相比 2016 年增长了 40%，达到历史最高水平。在此基础上，各地地方政府往往形成竞争局势，争相通过改变土地用途来招商引资，竞相压低土地价格吸引外来投资，从而造成了土地要素市场扭曲。

（4）能源要素

能源要素市场相比其他种类的要素市场，市场化程度更低，市场结构也更加保守。能源要素市场扭曲主要体现在两个方面，分别是市场份额限制与价格政府管制。

对于能源要素市场而言，国有经济在能源行业中比重非常大，具有绝对的主导权。中国统计年鉴 2016 年数据显示，以下面五个代表性能源行业为例，考察不同所有制企业的资产分布情况，具体可见图 5-1。

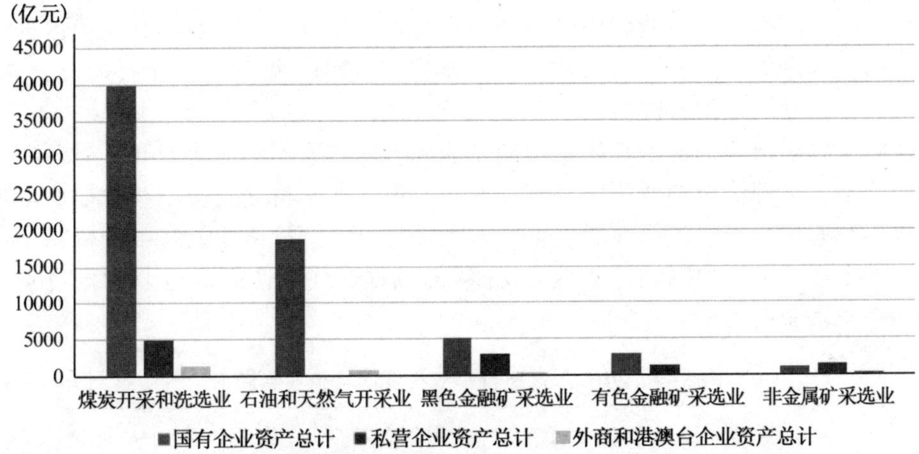

图 5-1　2016 年能源行业企业所有制差异

其中，可看到国有企业在能源行业中所占比重较大，但随着要素市场改革的深化，私营资本和境外资本也在逐步进入市场，尤其在非金属矿采选业，私营企业资产所占比例甚至高过了国有企业资产，为能源市场结构的多样化，运行机制市场化推进，做出了很好的尝试。

而对各个所有制类型企业的个数分布见图 5-2。

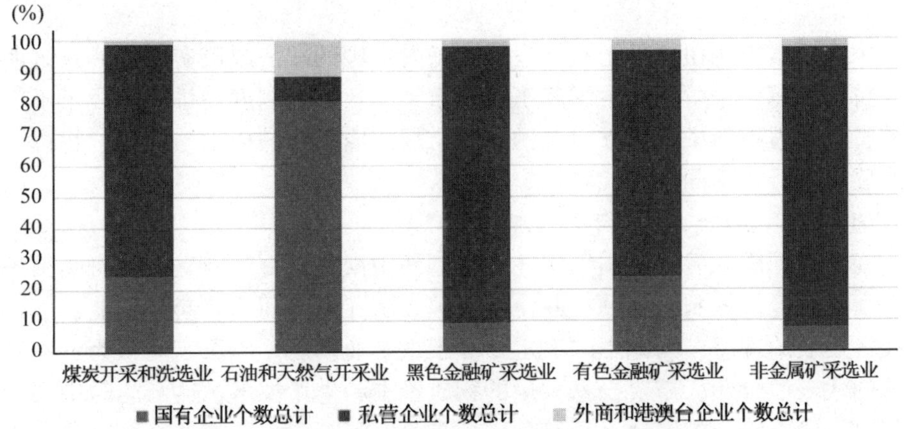

图 5-2　2016 年能源行业企业所有制数量差异

由图 5-2 可以看出，除了石油和天然气开采业国有企业的资产与企业个数占绝对优势，其余行业私营企业个数占据较大比重，由此可以看出，除了个别能源行业之外，其余能源行业较多的企业个数只贡献了较少的资产比例。可以得出结论：国有企业在能源要素市场中占有较大比重，且少数国有企业占据了较大的市场份额。以石油和天然气开采业为例，2016 年中国海洋石油总公司、中国石油天然气集团共同占据了 91%的原油生产和 83%的石油提炼。

能源要素市场的价格管制，指的是能源行业普遍不考虑能源开采对环境带来的污染、治理污染的费用以及其他外部成本，如果将这些费用和隐形成本加入成本利润核算当中，目前的成本会大大提高，能源价格才能在市场机制中取得均衡水平。根据中国统计年鉴 2016 年的数据，代表性能源行业的国有企业利润率见表 5-2。

表 5-2 2016 年代表性能源行业国有企业利润率 （单位：%）

	煤炭开采和洗选业	石油和天然气开采业	黑色金融矿采选业	有色金融矿采选业	非金属矿采选业
利润率	6.5	-10	7.9	8	8.9

根据山西煤炭开采和洗选业 2010 年的统计数据分析，认为土地坍塌、占地、环境污染、安全欠款、折旧欠款、工资欠款加起来相当于现有生产成本的一半，因此，现在的能源价格偏低，利润率偏高。

5.1.2 中国要素市场扭曲的分阶段特征

中国要素市场扭曲的由来和发展伴随着中国的经济政策实施，具有鲜明的时代特征，每一个阶段的中国经济发展水平、政府的制度安排，形成了不同阶段的特色。根据新中国成立以来的要素市场扭曲问题的由来与变化，将以三个时间段展开分析不同的时代特征。

（1）第一阶段：1949 年至 1978 年

在新中国成立后，中国经济在战争创伤中恢复，百废待兴，政府亟须解决经济发展与经济体制的问题，并使得中国经济在短时间内有起色，能够迅速实现经济发展的理想，因此中国决定专注于重工业发展。但重工业作为资本密集产业的代表性行业，需要投入大量的物质资本和生产技术，这与当时中国的要素禀赋、资本缺乏的国情不相符合，于是政府施行了一系列的经济措施，来为优先发展重工业扫清障碍。

由于重工业是代表性的资本密集产业，尤其要求大量的物质资本投入，而在新中国成立初期，想要在短时间内获得大量的资本投入，政府认为压低资本价格是最直接有效的方法。从 1950 年开始工业化经济发展政策起，同步开始下调利率，以国有工业信用贷款利率为例，1950 年国有工业信用贷款利率为 5%，到 1954 年降低至 0.46%，一直到 1978 年，其间经历过小幅波动，但多数停留在最低水平 0.46%。在压低利率增加资本投资的过程中，中国优先发展重工业从第一个五年计划开始，集中力量发展重工业，极大地加速了中国工业化进程，在这一期间，重工业投资额在全部工业行业的投资额度中占比高达 80%。但随着中国工业化发展进程的加速，一系列问题也日趋明显：经济结构不平衡，国民经济比例失调造成经济局面不稳定；资本市场长期处于压制状态，市场手段难以充分发挥作用。

为了加快对重工业部门的投入，除了压低资本价格即贷款利率之外，也同时压低了劳动力报酬。从 1950 年开始，中国工业部门开始针对工人工资划分为 8 个级别。参考苏联的多种产业工资等级制度，中国的各个产业部门所有工人统一实行固定的工资制度。这在当时一定程度上激励了工人生产的积极性，但随着工业化推进，经济水平提高，工资制度的固化显现出了弊端：没有按照市场价值给予工人劳动力报酬，甚至出现了估低。相对工业部门的 8 级分级制度，从 1956 年起，全国政府部门、企业、事业单位将工资标准指定为 24 个级别。工资等级制度将劳动力报酬锁定在了固定的水平，压低了劳动力价格，但在这一时期优先发展重工业的经济目标下，对中国工业化进程加速推进起到了重要支撑作用。

作为工业化进程中很重要的能源要素及原材料投入，在这一时期压低能源价格，可以使重工业部门更容易获得生产资源，迅速提升能源资源的积累水平。但长期优先发展重工业政策，使得重工业城市乃至整个国家能源问题严重、环境污染备受瞩目、社会经济结构失调。

（2）第二阶段：1978 年至 2002 年

从 1978 年起，中国开始进行渐进性改革，在这一时期出台了很多新政策，比如：家庭联产承包责任制、金融体制改革、要素价格改革等，从计划经济体制逐步向双轨并存，再向市场机制过渡，要素市场的价格改革对此进行了很大程度上的修正和改善。

在这一时期，要素市场中包括资本价格、劳动力价格、土地价格、能源价格以及其他原材料价格的扭曲状态都有不同程度缓解，但要素市场扭曲现状仍然存在，改革难度依然很大。以资本价格利率为例，1979 年开始，为了纠正和改善利率市场的扭曲状态，开始了多次提升存贷款利率来贴近市场真实资本价格的过程。具体提升频率和幅度见图 5-3。

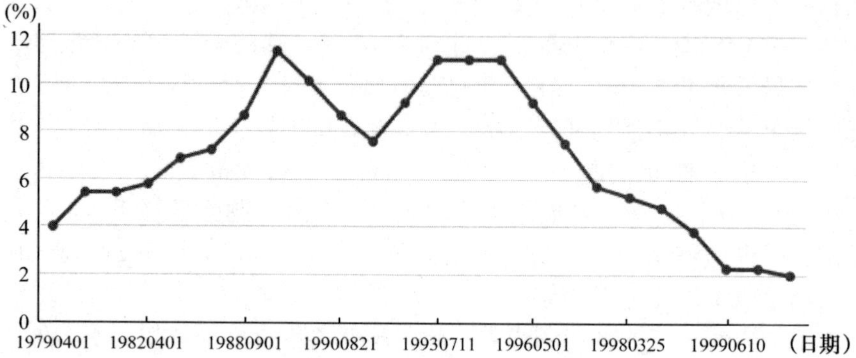

图 5-3　1978—2001 年一年期存款利率

从图 5-3 中可以看到，从 1979 年 4 月 1 日起，连续 7 次上调存款利率，为缓解利率市场扭曲做了积极努力；而 1990 年到 1993 年之间，利率改革进程停步不前；1993 年之后，受到国家发展政策和企业发展限制，银行的市场功能和政策功能交织混杂，利率再次下调并维持在较低状态，利率改革虽进行了有益尝试，但距离利率市场化还有一定的差距。

在这一时期，其他生产要素也开始了积极的市场化探索。1993 年政府关于土地使用权出让和转让条例的出台和实施，是土地要素开始向市场化生产要素转变的开端。这一时期以批租制度来进行土地要素交易，一定程度上对土地的需求在市场上得以显现，但由于批租制度由政府主导进行，而由于信息不完全等因素，土地的价格仍存在很大程度的扭曲，甚至土地价格出现了投机和泡沫。能源市场也开始从 1993 年实行价格双轨制，煤矿价格率先放松管制、石油能源加快了市场化、原油价格逐渐与国际市场接轨，然而，能源因素的价格扭曲仍然存在，电价和油价仍然和市场的均衡水平存在一定的差距。

（3）第三阶段：2002 年至今

在这一时期，主要是市场机制不断加深完善时期：农业税废除、资本市场改革、国有企业加快股份制改革进程、完善现代企业制度、非公经济更多地进入市场增强市场活力，税收、金融等多种体制改革完善，要素市场的市场化程度提高，利率、汇率、劳动力价格、能源价格都很大程度上引进市场机制进行调节。但由于财税体制和政绩考核系统，部分程度上提升了地方政府的发展积极性，加快地方经济快速发展，也使得地方政府或部分经济部门仍然有很大动力保持要素市场的扭曲状态，导致要素市场的市场化推进缓慢、要素市场分割情况严重、要素市场建设不完备、水平参差不齐。

对于国有经济而言，随着股份制改革和现代企业制度的完善，虽然市场化程度得到提升，但是国有企业仍然在国民经济中具有举足轻重的作用。根据2005 年的数据，在固定资产投资总量中国有经济所占比重为 50%，外资投资总量中国有经济占比 75%，在国家预算总额中绝大多数归于国有经济。说明政府部门仍然对国有经济的金融支持、要素市场、资本投资等方面存在倾斜政策。根据国家统计局 2016 年数据，在固定资产投资总量中国有经济占比仍高达 40%。在土地要素市场的改革中，在逐步探索用地制度的城乡一体化、加快推进国有土地和农村经营性土地同权同价，并扩大市场机制，规范地价，合理分配增值收入。但目前地方政府在一级市场仍然具有绝对的垄断地位，这使得低价征收和高价出让的现象十分普遍，且土地市场的改革进展缓慢，农村宅基地流转存在诸多限制，中央政府和地方政府对土地市场改革顾虑重重，改变要素市场扭曲现状的积极性不高。对于能源要素，根据 2014 年数据，煤炭行业引入非国有经济较早，市场化程度在所有能源行业中居于首位，而在对煤炭行业市场份额的分析中，发现五家国有煤炭企业占整个市场份额达到 35%，包括煤炭行业在内的整个能源市场中，国有企业依然占据控制地位，且市场份额高度集中。

5.2　中国企业创新特征研究

中国的要素市场扭曲问题离不开其特殊的时代背景，中国的企业创新研究也要与其社会发展水平相适应，因此，本节将中国的企业创新与当前的经济发展水平相联系，对比研究中国企业创新的特点。

5.2.1　中国的企业创新与经济发展水平

企业创新与经济发展水平之间存在互相促进的关系：经济发展水平越高，对创新和技术的要求也越高，越发推进创新的变革和提升；创新水平与技术变革不断突破发展，也将经济发展水平推上新的高度。根据我国目前所处于工业化中期的经济发展状态，在这一阶段，我国的企业创新应与当前经济发展水平对应的物质、人力、技术水平相适应。

（1）中国企业创新与物质资本

中国目前处于工业化进程的中期，在前一阶段优先发展重工业的背景之下，工业化持续推进，城市化水平不断提高，基础设施建设、轻工业开始较大规模地开展，社会的经济发展特征要求又与之相对应，且有针对性的企业创新，才能提升企业生产效率，加快推进经济发展。2005—2016 年中国产业结构可从图 5-4 看出。

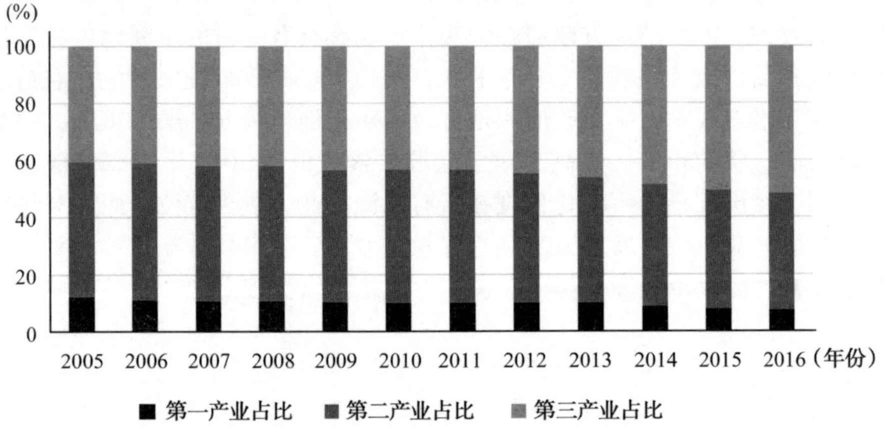

图 5-4　2005—2016 年中国产业结构

根据 2005 年至 2016 年三大产业占比来看：第三产业增长迅速，但第二产业始终保持在 40%以上，依然保持着举足轻重、不可替代的作用。而在整个工业体系当中，国有经济成分又占据着主导地位，可见图 5-5。

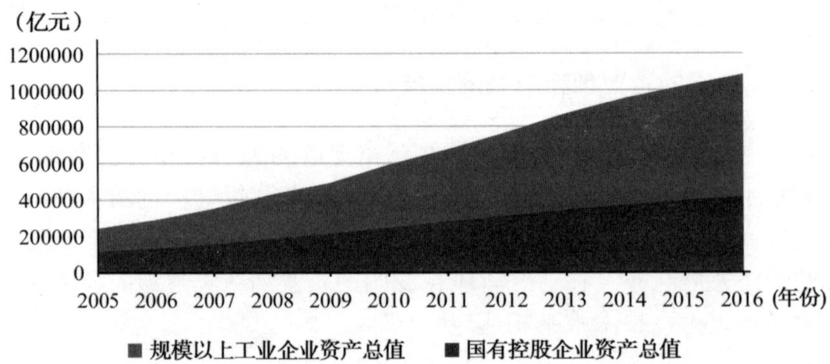

图 5-5　2015—2016 年国有控股企业资产总值和规模以上工业企业资产总值

从 2005 年至 2016 年规模以上工业企业资产总值变化中可以看到，国有经济成分仍占据较大比重。2016 年，中国工业利润达到 71921. 40 亿元，是 1978 年的 120 倍，固定资产达到 390279. 36 亿元，是 1978 年的 112 倍。

从工业发展的现阶段规模可以看出工业产业的物质资本已经积累到相当阶段，但中国工业企业创新水平较低、低附加值产业转型缓慢、人均劳动生产率较低、创新研发能力较弱，高端技术核心产品依靠合资经济。其中 2017 年中国每年花费 2000 亿美元进口芯片，在存储芯片、服务器、PC 等领域，中国芯片占有率为零；2017 年中国花费 2600 亿元进口集成电路；2017 年中国工业企业购买智能机器人设备总数超过 10 万件，其中 90%以上依赖进口；能源行业中石油化工设备有 75%依靠进口；汽车装备、数控机床也占到 60%。现实的企业创新水平与工业发展阶段性矛盾日益明显，因此也可以看到未来企业创新的方向和走势：2017 年，中国成立规模 3000 亿元半导体产业基金，旨在发展芯片产业；预计 2018 年工业企业建立工业设计中心超过10000家，创意园区突破1500家；同时，中国建成了世界最大的能源输送网络、物流网络和信息传送网络。

（2）中国企业创新与人力资本

人力资本存量对于模仿创新和自主创新都具有十分重要的促进作用，其中高科技人才、高端人才资本存量的增加更有利于培育自主创新能力，根据中国劳动统计年鉴中关于 2016 年中国受教育程度人口构成，可以看出中国中低层次人口比例较高，高等教育人口比例较低，专业化技能型人才占比少，人力资本结构有待优化（见图 5-6）。

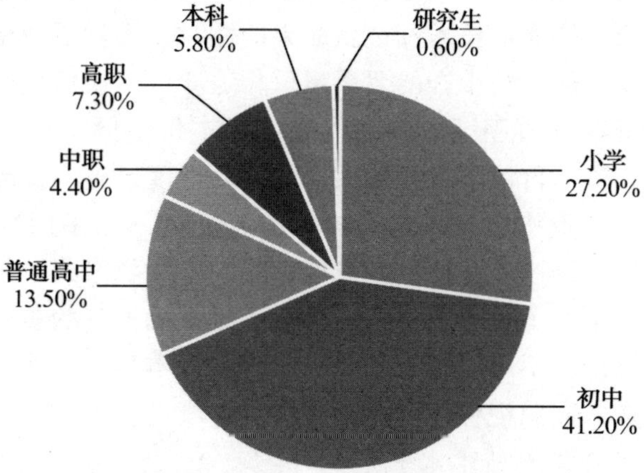

图 5-6　2016 年受教育程度占比情况

在此基础上，结合 2005 年至 2016 年的中国劳动统计年鉴中按教育程度不同划分的人均教育支出，将它与 2005 年至 2016 年中国统计年鉴中中国不同教育程度人口结合，可以得出中国人力资本总体价值，图5-7为中国人力资本总体价值分布。

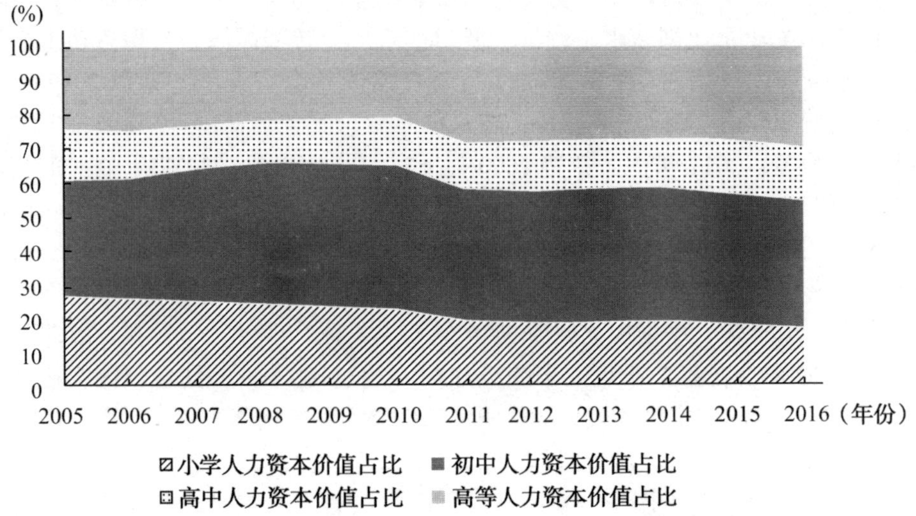

图5-7 2005—2016年人力资本价值构成

根据中国人力资本价值构成来看，总体价值较高，但很大比例集中在中低等级，中高端价值存量较低。人力资本价值存量与中国目前的创新方式密切相关，由于资本结构构成比例，决定了企业创新行为应是模仿创新与自主创新相结合进行，在吸收引进先进技术和创新成果的同时，不盲目地全力开展自主创新、科技创新活动，而是与中国的要素禀赋相适应，从模仿创新向自主创新过渡；而随着人力资本价值逐渐向中高等人才资本价值倾斜，提高人力资本素质，逐步优化人力资本价值结构，加大自主创新力度，进而提高经济效率。这样的人力资本价值存量构成也决定了中国的企业创新的多层次和多元化的特征。同时劳动密集型的产业还要继续发展，既与中国要素禀赋相关，也与目前的人力资本价值水平相关。传统制造产业仍旧是中国经济的重要增长点，也是中国就业增长的基础，不可脱离要素禀赋和人力资本转而一味发展资本密集型产业、高科技产业，而忽视传统行业的发展。

（3）中国企业创新与技术水平

技术水平是经过一段时间的经济发展、技术累积到一定程度的结果，当技术水平与当前经济发展阶段特征不相适应时，就对创新提出新的要求；而通过不断的创新，提高经济效率，加快经济发展，通过技术积累又将技术水平保持在更高的阶段。因此，技术水平与中国企业创新互相促进，共同提高。根据中国目前的技术水平看，在某些领域已经初具成效，并通过技术积累形成了相当水平的技术能力。比如，2015 年数据显示，中国通信光纤容量达到 40G，达到世界先进水平；中国的超导技术居于世界领先地位，并建成了世界上首个全超导托卡马克装置；中国高铁建设成为世界高铁系统中技术最全面、在建规模最大、运营能力最强的项目；2016 年中国发电量达到 61425 亿千瓦时，达到世界第一，中国的电网自动化水平、装机容量均达到世界第一。同电力行业相同，其他具有先进技术水平的行业，经过长时间技术积累，目前具有良好的技术优势，可以在下一步的发展中，加大企业创新力度，保持世界先进水平，并实现跨越式发展，发挥其技术引领带动作用。

与此同时，中国目前大多数企业在技术水平较低、创新动力不足、创新领域缺乏与国际先进水平竞争的实力，具体体现在以下三个方面：一是规模以上工业企业科技活动占整体工业的比重，在 2016 年首次突破 20%，绝大多数工业企业没有科技活动、创新行为，而有科技活动的企业中，又有很高比例是通过模仿创新进行技术的消化吸收，整体上来看中国的企业创新技术水平较低；二是 2010 年以后全国技术合同成交金额与研发经费之比仅有小幅增长，且多数维持在 60%左右（见表 5-3），其中技术进口仍占据较大比重，但技术出口也逐年攀升，中国规模以上企业平均技术开放项目达不到 5 项，新技术开发项目极低；三是研发强度，即 2010 年以后研发经费与规模以上工业企业销售收入之比，基本维持在 1%（见表 5-4）。整体工业企业对于创新与提高技术水平动力不足，关键性技术供给和技术储备不足，致使中国的企业创新存在以下共性：与产业升级相协调的技术缺乏，发明专利数量和质量距离世界先进水平还有相当差距，企业创新发展的技术支持欠缺。

表 5-3　2010—2016 年全国技术合同成交金额与研发经费之比

（单位：万元）

年份	技术合同成交金额	研发经费	比值（%）
2010	39065753	67554600	57.83
2011	47635589	80954600	58.84
2012	64370683	102984000	62.51
2013	74691254	118466000	63.05
2014	85771790	130156000	65.90
2015	98357896	141699000	69.41
2016	104069815	156767000	66.39

表 5-4　2010—2016 年研发经费与规模以上工业企业销售收入比值

（单位：亿元）

年份	研发经费	销售收入	比值（%）
2010	6755.46	697744.00	0.97
2011	8095.46	841830.00	0.96
2012	10298.40	929291.51	1.11
2013	11846.60	1038659.45	1.14
2014	13015.60	1107032.50	1.18
2015	14169.90	1109852.97	1.28
2016	15676.70	1158998.52	1.35

5.2.2　中国企业创新的特征

（1）国有企业创新与非国有企业创新相互补

国有企业作为中国经济的关键支柱，整体研发经费投入总量和企业平均研发投入量都远远领先，其中研发投入总量占据全国研发经费的半数以上。近年来，国有企业尤其是央企在载人航空、北斗系统、月球探测、自动化电网、大飞机、通信标准、能源运输、重大装备制造等项目中，形成了重大项目国有企业主导的态势。2016 年中国 500 强企业中的平均研发强度为 2.10%，研发投入费用最多的 5 家企业分别是华为、中国航空工业、中国航天科工、中国兵器与中国船舶。从世界 500 强企业看，中国国有企业虽在不少领域占据较大市场份额，但缺乏全球性话语权，根源仍在于企业创新能力不足，缺乏创新支配性产业，尽管研发投入总量持续上升，但创新动力和创新意识仍显不强。

国有企业面对重大项目体现出创新优势的同时，非国有企业在更为广泛的创新领域也正焕发新的生机。根据 2017 年数据，世界最具创新力企业 50 强名单上，出现四家中国非国有企业，分别是腾讯（第 4 名）、今日头条（第 16 名）、Vipkid 教育（第 29 名）、大疆创新（第 35 名）。2017 年中国最具创新力企业 10 强名单中，腾讯、今日头条、Vipkid、大疆创新、滴滴出行、阿里巴巴、K11、海尔、纽迪瑞科技与顺丰 10 家企业均为非国有企业。非国有企业中，尤其以优质的民营企业创新势头最盛。非国有企业的数量最大，且存在于国民经济的各个领域，相比国有企业专注于重大性项目的难点突破性创新，非国有企业在提高人民生活水平、科技服务产业、文化教育等领域有着其天然的便利优势，因此和国有企业在创新领域形成优势互补态势。

（2）企业创新研发资金支持不足

关于中国企业在创新研发中，经费支持有以下三个特点：一是企业平均创新经费补贴下降。随着国家对企业创新的重视程度不断加深，企业的创新研发经费总量不断增加，但随着研发企业数目增加，平均到每家企业上的创新研发额度却日益缩减。由于缺乏有效的创新考核机制，企业都倾向于争取政府的创新经费补助，但真正具有创新能力和研发能力的企业未能获得足够关注。二是研发资金中自筹比例增加。根据近十年的企业研发投入经费来看，持续投入研发的优质企业当中，财政补贴研发经费多数占到40%左右，其余部分多数由企业自筹获得。当企业创新意识萌发，逐步具有创新能力时，具有很大的动力和能动性投入企业的研发创新活动当中，积极将优秀创新投入生产，追求持续的利润增长。三是企业的创新行为和创新经费不稳定。根据1999—2007年的中国工业企业数据库，30%的企业在当年投入研发经费进行创新后，选择在次年退出。一方面是因为企业的创新经费不稳定，然而创新行为不是一蹴而就的，而是需要在长期的试验和失败中获得经验，由于创新经费短期内出现短缺，使得相当一部分企业还未获得创新成果就匆匆退出创新领域；另一方面是因为创新行为的不稳定，因为创新具有风险性，且具有很大的难度，许多困难需要克服，大多数处于初步创新阶段的企业缺乏面对挫折和风险的心态，使得创新行为出现了极大的不确定性。

因此，虽然对企业创新研发的投入总量较大，创新研发企业数目众多，但由于经费支持创新行为的过程当中，出现了某种程度的短缺和不稳定，企业创新仍难以获得长足发展。与此同时，技术水平的提高需要长期的技术积累，而技术积累的过程充满曲折和艰辛，创新能力才能获得质的提升。

（3）自主创新与模仿创新相结合

中国早已认识到科技创新对经济增长的持续推动作用，从改革开放起就显现出极大的热情来促进科技创新、鼓励自主创新，同时积极吸收引进世界先进技术。一国对于创新的投入很大程度上能反映国家对创新的重视程度。2016年统计局数据显示，研发经费共计投入1.57万亿元，增长10%[①]。其中，作为中国创新的主体，企业创新研发费用达到1.21万亿元，占比达到77%。研发经费与国内生产总值之比是衡量创新模式选择的常用数值，根据这一数值，中国从2014年起，投入强度连年超过2%，超过欧盟平均水平，但距离OECD国家平均水平2.4%还有差距。而美国、日本这一比例分别达到2.9%、3.8%，并在20世纪30年代和70年代就进入了自主创新时代。对于中国而言，从研

① 数据来源于中国统计及发布2016年全国科技经费投入统计公报。

发经费占国内生产总值的比重可以认为中国的自主创新投入和成果已取得实质性进展，但从实际情况来看，创新对经济的影响、中国企业创新成果在世界市场的地位、中国创新产品的市场份额，中国并没有进入经济发展以自主创新为主导的阶段，而是处于从模仿创新模式向自主创新模式过渡阶段。

同时，中国企业创新在满足客户需求、提供服务方面，涌现出很多优质企业，比如电子商务和共享经济等，但在工业效率、工程建造以及基于科技创新方面，距离世界发达国家水平还有一定差距。从电信设备领导企业的创新历程可以看出，从模仿创新入手，通过学习先进技术和经验，从失败和尝试中进行创新，进而成为行业领导者。因此在企业进行创新行为的过程中，掌握产业发展的规律，由模仿创新为主积极向自主创新主导过渡，并根据现时经济情况和产业发展阶段，将模仿创新与自主创新相结合，选择富有成效的、符合中国经济发展水平的创新是中国企业的现阶段创新特点。

5.3 全要素生产率的特征研究

5.3.1 中国全要素生产率提升障碍

对于中国经济而言，提升全要素生产率水平是当前乃至今后较长时期面临的关键性问题，如何快速有效提升全要素生产率，加快经济发展速度和质量，首先需要分析造成中国全要素生产率的提升障碍。结合中国经济情况，造成全要素生产率提升乏力的因素主要包括以下四个方面：政策制度的阶段性、经济结构优化步伐缓慢、经济发展水平和技术发展水平较低。

首先是政策制度的阶段性。中国作为具有鲜明的社会主义特色的国家，既重视市场经济的主体地位，同时又有国家宏观调控政策作为辅助，且在新中国成立以来经历的每一个经济发展阶段过程中，政府政策与相应的制度安排都起到了重要的主导和引领作用。中国的每一个经济发展阶段的全要素生产率变化都离不开政府政策与制度因素的影响。在新中国成立后确定重工业优先发展的战略目标起，同时就形成了高要素投入的经济增长模式，在此过程中，全要素生产率和经济效率一直呈现负数状态，根据美国经济咨商局的数据，1961 年中国全要素生产率增幅近-20%，符合当时中国经济正在度过一个困难时期的状况。而在 20 世纪 90 年代，由于改革开放、经济体制的转变，经济政策对经济起到了良好的引导和推动作用，全要素生产率反映出良好的表现。因此，政策制度的阶段性或与中国经济发展阶段性和现状不相适宜的政策安排，虽然有利于短期经济增长，但并不能促进长期经济的持续增长和生产率提升。

其次是经济结构优化步伐缓慢。就目前中国的经济结构走势来看，第一、第二产业占比减少的同时，第三产业占比逐步增加，结合工业化进程可以分析中国全要素生产率的变化。在中国处于工业化前期时，工业化水平不高，整体工业生产要素投入高、创新水平较低、环境污染严重、呈现负的外部经济效应，全要素生产率提升压力增加。随着工业化发展水平不断提升，科技创新含量提高，全要素生产率随着工业企业的创新水平提升而增加。根据 Fagerberg（2000）与 Mc. Millan（2011）研究表明，经济结构的优化是全要素生产率的重要因素，结构优化的速度是各国之间全要素生产率提升与经济发展差异的关键①②。要提升中国的全要素生产率，必须加快当前经济结构优化的步伐和速度。与此同时，政府通过干涉并压低生产要素价格来达到政府投资项目和刺激经济的目的，同时也使得依赖资本型产业与依赖能源型产业得到支持，而劳动力密集型的产业发展明显滞后，经济结构失衡，全要素生产率增长乏力。因此，经济结构亟待加速升级优化，布局不合理，制造业整体水平有待提升，也是全要素生产率提升的障碍之一。

再次是经济发展水平。当前中国经济发展水平和经济发展的质量还处于较低阶段，不利于全要素生产率的快速提升。一方面，由于生产资料的稀缺性，与长时间经济发展依赖的人口红利逐渐缩小，随之而来的能源压力与环境规制压力增加，使得经济持续发展与经济质量提升的难度增加；另一方面，当前部分产业产品出现产能过剩现象，地方政府与企业的财务风险持续保持在较高水平，金融机构风险控制与资产管理水平亟待提升，甚至可能在未来引发金融危机。中国经济进入经济发展的转换期，难以保持之前的快速增长速度和规模来提升经济发展水平，并将在较长一段时间通过转变经济增长方式与模式来调整经济增长步伐，都不利于中国的全要素生产率水平的提升。而随着经济发展水平提升，城市化进程加快，生产要素相对集中，通过规模效应和劳动力集聚效应提升经济效率。同时，社会中金融体系的成熟程度，有助于在资本层面推动要素市场化水平，完善市场的调节机制，优化配置资本要素在各个生产环节的使用效率，并通过对创新有力的金融支持，提高社会的生产效率。

最后是技术发展水平。经济社会的技术发展水平通过创新研发和提升人力

① Fagerberg, Jan. Technological Progress, Structural Change and Productivity Growth: A Comparative Study [J]. Structural Change and Economic Dynamics, 2000 (11): 392-411.

② Mc. Millan. Globalization, Structural Change and Productivity Growth [C]. a Paper Prepared for a Joint ILO-WTO volume, 2012.

资本两个方面来对全要素生产率构成影响。对全要素生产率提升构成障碍的首要因素在于研发经费投入不足。持续性的、有组织的、有计划的研发活动与创新行为离不开有利的创新支持。其次在于人力资本的综合素质体现，不管是哪一种创新模式和创新活动的开展，都离不开创新人才和人力资本的推动和实现，综合素质的培养表现在知识能力的积累、创新行为的经验积累和学习力与吸收力的积累。通过创新研发影响生产要素的投入质量和效率，通过开发丰富产品种类，提高生产专业化程度，提升技术水平，拓展企业经营的新增长点。同时，在创新研发的过程中，产生培育创新人才，通过对人力资本的产出效率提升，拉动劳动生产率，进而影响全要素生产率。

5.3.2 主要国家全要素生产率的特征分析

（1）发达国家全要素生产率特征分析

美国是当今世界拥有最完善、最先进的产业体系，经济发展质量与全要素生产率水平最高的国家之一，是许多国家研究分析的对象，也为很多发展中国家提供了借鉴和思考。美国从 20 世纪 50 年代起，经济增长的最主要来源是资本要素的大量投入，全要素生产率增长乏力且对经济增长的贡献度较小。从 20 世纪 80 年代至今，美国的全要素生产率长期保持较高增速的正向增长状态，从 20 世纪 80 年代的经济滞胀开始，出现了重视专利与技术创新的经济推动政策，极大地促进了科技创新对全要素生产率的带动作用。同时与苏联的军备竞赛大量投入科研经费和科研项目也对国家科技创新水平起到了极大的刺激作用。之后美国长期推行科技创新产业政策，在关键领域保持极高的政府主导与支持力度，使美国的全要素生产率对经济增长的贡献程度不断增加，并保持在世界先进水平①。

日本的全要素生产率水平在发达国家中处于较低水平，且根据日本经济学家的研究，在近 30 年间日本制造业全要素生产率增长水平非常低下，甚至多次出现负数，但由于日本在“二战”之后的 20 年经济得到高速恢复与发展，全要素生产率维持在较高水平运行，仍在绝对值上优于我国的全要素生产率水平②。日本长期的全要素生产率增长乏力可能的原因在于以下几个方面：广场协议之后日本经济陷入实质性衰退，导致企业创新的经费支持与政府支持力度削减，最终影响了全要素生产率的提升；日本产业结构不合理给全要素生产率

① 张长春. 我国生产率研究：现状、问题与对策［J］. 宏观经济研究，2018（1）.

② 张乃丽，欧家瑜. 产业结构、生产率与经济增长减速：基于日本都道府县面板数据的实证分析［J］. 山东大学学报（哲学与社会科学版），2018（1）.

与经济增长带来负面作用；政府对企业创新的支持减少的同时，企业自身投入与科技创新的经费与力度也出现下滑甚至是负增长，造成日本近些年来全要素生产率保持在较低水平运行①。

韩国的经济增长与全要素生产率长期以来都保持较为同步的增长态势，近些年来全要素生产率的经济增长的贡献程度逐步增加，而资本要素和劳动力要素对经济增长的贡献度逐步下降。韩国全要素生产率的高速增长与韩国对人力资本的大力推动和提升政策不可分割，韩国通过长时间的对教育产业和人才培训的支持与保障，极大程度地提高了整体国民人力资本存量，为全要素生产率的提升提供了重要的基础②。

（2）金砖五国全要素生产率对比分析

根据2016年美国经济咨商局发布，关于金砖五国的全要素生产率变化率的数据，其中中国的官方数据是由中国发布的GDP基础上的计算得到的全要素生产率的变化率，美国修正数据是由美国经济咨商局根据美国统计的中国GDP的基础上计算的全要素生产率的增幅，并在此基础上根据Byrn和Corrado（2016）的价格缩减指数对指标进行调整之后的计算结果。表5-5由美国经济咨商局的年度数据整理得到。

表5-5　金砖五国全要素生产率变化率　（单位：%）

年份	中国（官方）	中国（美国修正）	印度	巴西	俄罗斯	南非
1954—2016	2.64	0.10	0.45	1.06	—	0.14
1971—2016	3.74	0.75	0.47	0.37	0.60	-0.53
1990—2016	3.30	1.22	1.32	-0.24	0.22	-0.38
2007—2016	3.23	0.40	1.59	1.03	0.98	-1.00

选择中国与其他金砖国家的全要素生产率变化程度进行对比，可以从同样是市场发育程度较低、政治处于稳定状态、市场容量巨大、有良好发展前景的共同发展特色当中，对比分析中国全要素生产率变化度在金砖五国中所处位置、新兴经济体与发达经济体之间的差距。根据表5-5的数据，可以得出以下结论：

① Jorgenson, Motohashi. Information technology and the Japanese economy [J]. Journal of the Japanese and International Economies, 2005 (12): 460-481.

② 田娜. 韩国跨越"中等收入陷阱"的考察——基于全要素生产率的角度 [J]. 世界经济研究, 2013 (7).

（1）全要素生产率变化率的中国官方数据与美国修正后的计算结果有出入，相比美国修正数据，中国官方数据在每一个阶段的全要素生产率平均变化率都高估了，而美国修正数据显示，中国现实数据表现并不理想。为了统一计算口径，方便与其他金砖国家进行对比，本书选择美国修正数据进行分析。

（2）根据美国修正数据，1990 年至 2016 年间，中国全要素生产率变化最大，这也是因为中国深化改革开放，制度创新效应与经济体制效应同部显现，也同时说明在这一期间中国的经济效率有很大程度提升，尽管中国经济在这一阶段仍然是高投入、高增长的经济增长模式，但全要素生产率也在同时进行优化提升，经济增长模式已经从内部开始转变。

（3）1954 年至 2016 年、1971 年至 2016 年中国全要素生产率变化程度较低，跟中国特殊的经济社会环境密不可分，相比前两个阶段，2007 年至 2016 年中国的全要素生产率变化幅度并不大，这一阶段处于国际金融危机后经济复苏发展的阶段，加之中国经济进入新常态，高投入要素带来的经济增长逐渐出现缺乏动力的表现，这样的经济现状也加速了后期中国经济结构的调整与转变经济增长模式。

（4）整体金砖五国的全要素生产率偏低，变化幅度较小，甚至在较长一段时间的平均变化率呈现负数，说明金砖五国的全要素生产率与发达经济体还存在明显差距，新兴经济体的全要素生产率的提升之路充满困难和挑战。中国在金砖五国中的全要素提升速度处于中等水平，近 10 年来，印度、巴西、俄罗斯的提升速度都要高于中国。

（5）根据世界银行最新发布的中国与美国的劳动生产率对比数据可以看出，中国劳动生产率从 2000 年 2000 美元增加到 2017 年 8253 美元，而美国劳动生产率从 2000 年 81316 美元增加到 2017 年约 101101 美元，中国劳动生产率相比美国仍有 10 倍以上的差距。金砖五国全要素生产率水平与世界发达经济体之间有显著差距。

综上所述，本章的研究结论如下：

第一，关于要素市场扭曲的特征得出以下结论：从要素市场中最主要的四种生产资源入手，分析中国要素市场扭曲的现状，并在此基础上，按照要素市场扭曲的特点将中国经济发展分为三个阶段，总结归纳每一个阶段的要素市场扭曲表现，并得出结论，中国要素市场扭曲的形成和发展伴随着中国的经济政策实施，具有鲜明的时代特征。

第二，针对中国企业创新的特点得出以下结论：通过考察企业创新的发展特征，研究中国企业创新与现时经济发展水平的关系，在工业化中期时物质资本、人力资本与技术投入的特点，以及企业创新在这一阶段表现出的特征，认为企业创新与当下工业化进展密切相关，国有企业创新与非国有企业创新在创新上具有互补性，企业普遍在创新上缺乏资金支持。中国企业的创新方式是模仿与自主模式的结合。

第三，关于全要素生产率的特征研究得出以下结论：定性地分析中国全要素生产率的普遍影响因素，并对中国在内的金砖五国的发展水平进行比较，结合发达经济体的经验，认为中国目前全要素生产率处于较低水平，提升动力乏力，在新兴经济体中具有一般性特征，未来仍需要在提升全要素生产率水平上加大力度。

5.4 小　结

研究要素市场扭曲、企业创新与全要素生产率，首先需要根据中国的要素市场扭曲、企业创新与全要素生产率的具体现实特点，把握特征分析。因此，从目前的研究目标出发，从要素市场的主要构成要素入手，分析了要素市场扭曲现状，并结合中国经济发展水平、政府制度安排，分三个阶段分析不同的时代特征，并探究造成中国要素市场扭曲的历史由来；阐明企业创新经济发展水平之间紧密的、相辅相成的联系，其中物质资本、人力资本与技术投入都与企业创新水平具有十分重要的关联；寻找全要素生产率提升的障碍因素，并和当今世界主要国家的全要素生产率增长现状进行对比分析。

第 6 章　制造业全要素生产率加总与分解的实证研究

在前文建立的理论分析框架上，对微观角度的运行机理进行研究，并在此基础上分析了中国情况的现实特征，本章建立在理论研究和现实特征研究的基础上，运用实证分析手段研究中国制造业全要素生产率构成和变化。本章是对于理论分析框架和微观角度运行机理的实证检验，也是关于理论模型的实践运用。通过对制造业全要素生产率加总分解的实证研究，来分析中国全要素生产率的变动趋势、影响因素，为下一步提出推动经济发展的全要素生产率策略提供依据和参考。

本章在第三章建立的理论分析框架与第四章的机理分析的基础上，结合中国情况的现实经济环境，从中国制造业的微观角度探索全要素生产率的变动，加总了中国制造业的全要素生产率，并对其增长态势进行分解，并从跨行业、跨区域、跨国角度进行比较分析。

6.1　估计方法与模型设定

在对全要素生产率进行加总分解前，首先对目前常用的估计方法进行归纳和总结，之后结合中国实际情况与本书研究目标进行改进和发展，并对生产函数形式进行界定，为下一步实证检验提供方法基础。

6.1.1　估计方法

在关于计算宏观角度加总生产率的分解中，运用最广泛以及最经典的方法是 Baily、Gersbach 和 Scherer（1995）提出的全要素生产率的加总分解方法①。在计算美国工业企业的生产率时，将企业的生产率进行汇总，然后将其分解为内部与企业之间的影响，并研究造成加总层面变动的渠道和具体的来源。其中企业内部效应指的是市场份额不改变时，不同期的企业生产率变化对加总层面造成的影响；企业之间的效应指的是，企业的生产率在不同时期固定在同样的水平，而市场份额发生改变时对加总的全要素生产率造成的影响。在此基础上，Griliches、Regev（1995）在对全要素生产率进行研究时，引入新进入市场企业和破产企业进行考察，并提出临界值生产率，对生产率分解方法进行改进，将全要素生产率分解结果解释为企业内部和企业之间的效应，以及考虑企业进入与退出动态的效应②。T Dunne，L Foster（2004）将临界生产率用上一期的加总生产率代替③。Olley、Pakes（1995）将加总的全要素生产率分解为两部分，一是将企业生产率的平均处理，二是企业市场份额在不同生产水平企业中的重新分配④。Kumbhakar（2000）提出对加总的全要素生产率的分解方法，并分成：技术进步、技术效率、规模效率、配置效率，并成为全要素生产率分解的主流分解方法⑤。

随着全要素生产率的加总分解方法在跨国家、跨地区、跨行业的运用，逐步对按照现有的方法计算和分解全要素生产率时得到共识，发现企业之间资源再配置效应对加总层面的生产率的贡献程度较小，并且对跨国家和跨地区的全要素生产率分解时发现，生产要素配置差异对全要素生产率影响较大，而通过对比分解结果不能得到体现。因此，结合中国实际情况与本书研究内容，细分不同生产要素的配置差异，比如劳动、资本等对加总全要素生产率的影响，并通过对第三章、第四章的理论模型与微观机理的分析，从与企业创新相关的企业生产率本身，受要素市场扭曲影响的企业间再分配效率，进入退出净收益三个方面来对全要素生产率进行研究。

关于全要素生产率的加总，根据 Petrin（2011）对宏观加总结果定义为跨

---

① MN Baily，H Gersbach，FM Scherer. Efficiency in Manufacturing and the Need for Global Competition [J]. Economic Activity（Microeconomics），1995（11）：307-358.

② Z Griliches，H Regev. Firm productivity in Israeli industry 1979-1988 Journal of Econometrics [J]. 1995（1）：175-203.

③ T Dunne，L Foster，J Haltiwanger. Wage and Productivity Dispersion in United States Manufacturing：The Role of Computer Investment [J]. Journal of Labor Economics，2004（4）：22-43.

④ G. Steven Olley，Ariel Pakes. The Dynamics of Productivity in the Telecommunications Equipment Industry [R]. NBER Working Paper，1995，No. 3977.

⑤ SC Kumbhakar，M Denny，M Fuss. Estimation and decomposition of productivity change when production is not efficient：a paneldata approach [J]. Econometric Reviews，2000（4）：312-320.

期变动的最终总需求与初始投入的差值①，其中初始投入中不包含中间产品的，具体可表示为：

$$\sum_i P_i \mathrm{d}Y_i - \sum_i \sum_k W_{ik} \mathrm{d}X_{ik} \tag{6-1}$$

其中，第一项是跨期变动的最终总需求。企业 i 的总产出由两个方面构成，一是作为中间产品投入另一家生产企业 M_{ji}，其余的是最终需求 Y_i。二是跨期变动的初始投入，W_{ik}是边际成本，$\mathrm{d}X_{ik}$是初始投入的逐期变化。根据企业总产出的两个方向，可以得到：

$$Y_i = Q_i - \sum_j M_{ji} \tag{6-2}$$

其中，Q_i 是企业的总产出，而总需求是总产出中除去作为中间产品投入其他企业的部分。

根据加总的生产率式（6-1）可以看出，要追求加总的生产率提升，需要在生产要素初始投入不变的前提下，先得到更多的最终需求产量；也可以在最终需求产量固定的情况下，投入更少的初始投入。如何追求加总的生产率提升，上式给出了两种途径。

关于全要素生产率的分解，考虑企业的投入按照两部分投入时，可以将分解结果表示为：

$$\sum_i P_i \mathrm{d}W_i + \sum_i \sum_k \left(P_i \frac{\partial Q_i}{\partial X_k} - W_{ik}\right) \mathrm{d}X_{ik} + \sum_i \sum_j \left(P_i \frac{\partial Q_i}{\partial M_j} - P_j\right) \mathrm{d}M_{ij} \tag{6-3}$$

其中，第一项是每一个企业自身生产率的变化，第二项是初始投入的生产要素的配置效应，第三项是中间投入的配置效应。$\mathrm{d}W_i$是企业生产率的变动，$\mathrm{d}M_j$是中间产品投入的变动。

以上是不考虑企业进入与退出的动态环境时，企业的生产率加总，根据 Petrin（2011）的方法，以增长率形式表达，并且考虑到现实数据是离散的，并非连续形式，使用 T-D 近似方法可以表示为：

$$\sum_i \overline{D}_{it} \Delta \ln W_{it} + \sum_i \overline{D}_{it} \sum_k (\varepsilon_{ik} - s_{ikt}) \Delta \ln X_{ikt} + \sum_i \overline{D}_{it} \sum_j (\varepsilon_{ij} - s_{ikt}) \Delta \ln X_{ikt} \tag{6-4}$$

其中，D_i是每家企业的产出占加总的总需求的比重，s_{ik}是投入初始生产要素的成本份额，s_{ij}是投入中间产品的成本份额，ε_{ik}是投入初始生产要素的产出

① James Levinsohn Amil Petrin. Estimating Production Functions Using Inputs to Control for Unobservables [J]. The Review of Economic Studies, 2011 (3): 317-341.

弹性，ε_{ij}是投入中间产品的产出弹性，$\ln W_{it}$是企业生产率的对数。当考虑到企业处于不断进入与退出的动态环境时，可以将分解结果扩展为：

$$\sum_i \bar{D}_{it}\Delta\ln W_{it} + \sum_i \bar{D}_{it}\sum_k(\varepsilon_{ik} - s_{ikt})\Delta\ln X_{ikt} + \sum_i \bar{D}_{it}\sum_j(\varepsilon_{ij} - s_{ikt})\Delta\ln X_{ikt}$$
$$+ \sum_i D^v{}_{it}(1 - \sum_k s^v{}_{ikt}) - \sum_i D^v{}_{it-1}(1 - \sum_k s^v{}_{ikt-1})$$

(6-5)

其中，第一行的三项是静态环境下企业内和企业间效应，包括每一家企业自身的生产率变化、初始投入与中间投入的生产要素的配置效应；第二行的两项是考虑到企业进入退出的动态环境时的净收益，第四项是企业进入效应，第五项是企业退出效应。S_t是存在市场内部的企业集合，E_t是新进入企业集合，X_{t-1}是退出企业集合[①②]。

6.1.2　生产函数模型

在研究企业的生产率和总体水平的全要素生产率时，有必要估计具体的函数形式。两种常用的函数形式是 C-D 生产函数和超越对数函数。超越对数函数对替代弹性的假设放松，形式上更灵活，但实际运用过程中并不能比 C-D 函数提供更多未知信息，且 C-D 函数简单常用、容易计算。在假定企业生产过程中投入包括资本、劳动力与中间产品，采取 Levinsohn 和 Petrin（2011）的方法，将中间投入量作为类似生产率冲击变量进入函数，将生产函数稍作变换为以下对数形式：

$$\ln Q_{it} = \ln W_{it} + \varepsilon_{jk}\ln K_{it} + \varepsilon_{jl}\ln L_{it} + \varepsilon_{im}\ln M_{it} \qquad (6\text{-}6)$$

其中，Q_{it}为企业 i 在 t 时期的产出，W_{it}为企业生产率，K_{it}为资本，L_{it}为劳动力，M_{it}为中间产品，ε 表示弹性，可以进一步得到企业的生产率函数为：

$$\ln W_{it} = \ln Q_{it} - \varepsilon_{jk}\ln K_{it} - \varepsilon_{jl}\ln L_{it} - \varepsilon_{jm}\ln M_{it} \qquad (6\text{-}7)$$

由于制造业中各个行业的生产技术不尽相同，ε_j为按照两分位行业进行分别估算的产出弹性，按照 2002 年的国民经济行业分类，统一整个数据库的行业分类，除去能源行业和服务行业由于其行业复杂性和特殊性，不适用于现行生产率的分析，通过对产出弹性进行估计，可以得到对目前制造业中 28 个行业的产出弹性估计，与 Brandt（2012）、Hhsieh 和 Klenow（2009）对制造业的

① 其中，$S_{ik}^v = \dfrac{W_{ik}X_{ik}}{P_iY_i}$。

② 其中，$D_i^v = \dfrac{P_iY_i}{\sum P_iY_i}$。

研究对比，也得出类似的结论，说明本书对数据的处理是恰当的，具有一定的可靠性。

6.2 数据来源与数据处理

6.2.1 数据来源

本书的数据来自国家统计局发布的中国工业企业数据库，根据目前可得的数据范围，选择 1998 年至 2013 年的时段进行分析，选择这一数据库的原因包括两个方面：一是中国工业企业数据库样本容量，其涵盖了全部国有企业以及规模以上非国有企业（主营业务收入大于 500 万元），总观测数据达到 300 万条以上，巨大的样本量成为实证研究时建立微观基础的重要需求；二是数据跨越了 16 年，其间中国经历了国际金融危机和中国制造业产业结构调整，可以用来考察这一时期，中国制造业的发展状态与经济水平。

但与此同时，选择 1998 年至 2013 年中国工业企业数据库也有以下五个方面的问题：一是数据库内并未涵盖规模以下的非国有企业，但因为规模以下非国有企业产值较小，不影响对工业经济整体发展态势的判断，故不作考虑；二是中国工业企业数据库中数据缺失情况较为普遍；三是统计口径的不一致性，其中 2004 年中国经济普查使得很多之前未进入的企业进入了统计范畴，2011 年之后对规模以上的非国有企业统计标准由 500 万元提高到了 2000 万元；四是数据的可得性，只能获取 2013 年之前的工业企业数据，对 2013 年之后的工业经济数据难以获得，对近几年的发展态势欠缺解释和研究；五是样本量巨大，数据、变量众多，数据处理和模型建立的难度相对较大。

综上，由于中国工业企业数据库的样本量大，且涵盖了制造业企业的财务、产销、基本信息、盈利能力等众多指标，可用于了解中国制造业经济发展水平，为本书的实证研究提供微观数据基础，为政策制定和实施经济管理措施提供微观依据，因此选用此数据库。

6.2.2 数据处理

在选择了 1998 年至 2013 年中国工业企业数据库之后，为了保证后续实证研究准确有效，对原始数据进行了初步的筛选和针对关键数据的处理。

（1）数据识别

基于 Brandt（2012）对数据库的研究，对基本数据进行了以下四个方面的处理：第一，对数据中前后逻辑矛盾、数据错误的条目进行删除，比如固定资产净值大于总资产、流动资产大于总资产等数据错误，企业开业时间晚于统计时间、经营时间大于开业时间的前后逻辑矛盾；第二，由于 2002 年、2011 年出现新的国民经济行业分类，与之前 1994 年的分类标准有所变化，本书根据国家统计局发布的 1994 年、2002 年和 2011 年标准对照表，按照 2002 年标准对行业分类进行统一；第三，对重要变量缺失超过两年以上的进行删除（比如总产出、增加值、就业人数、中间投入、工业增加等变量），在一年以内重要的、出现缺失的数据，采取 $t-1$ 期和 $t+1$ 期的几何平均进行填充；第四，根据 Levinsohn 和 Petrin（2011）和余淼杰（2010）的做法，剔除企业的就业人数小于 8 人的观测值①。

（2）企业识别

在对企业持续经营的前提下，应采取序贯识别的方法对所有企业进行识别，但在以法人代码作为识别企业持续经营的标识时，存在以下两个问题：一是企业代码可能会发生变化。因为持续经营的企业虽然仍存在于市场当中，但是由于企业之间的兼并重组或者企业变更，导致法人代码消失，或者出现新的法人代码。对于这种情况，在进行法人代码匹配的同时，考察 t 期和 $t+1$ 期新出现的企业当中，企业代码、企业名称、法人代表姓名、电话号码、企业所在城市等变量，如果重合可判定为一致，如果以上几个变量也不能寻找到原有企业，则判断为退出企业。二是由于数据库的统计口径为国有企业与规模以上的非国有企业，因此，在非国有企业规模低于统计口径时，企业不出现在数据库当中，但并不代表企业不保持持续经营状态或退出市场，企业有可能在退出数据库之后几年又重新回到规模以上的企业规模，再次出现在统计口径之内，此时企业也并非新进入企业。这一部分企业可以在之后年份新进入企业进行识别，通过企业代码、企业名称、法人代表姓名、电话号码、企业所在城市等变量判断企业经营的一致性。而现有文献对企业的一致性识别没有具体细分，可能导致企业数目出现偏误，缩小了企业研究范围。因此，对原始数据进行企业识别后，样本数量调整见表 6-1。

① 余淼杰．中国的贸易自由化与制造业企业生产率［J］．经济研究，2010（12）．

表 6-1　1998—2013 年制造业企业初步筛选

年份	原数据（个）	筛选后数据（个）	占比（%）
1998	140119	124918	89. 15
1999	162023	139754	86. 26
2000	188721	153160	80. 86
2001	186783	149636	80. 11
2002	201302	161345	80. 15
2003	250439	221187	93. 37
2004	291056	252420	86. 73
2005	308291	249193	80. 83
2006	312391	278188	89. 05
2007	328867	310847	94. 52
2008	395128	365871	92. 60
2009	351797	325085	92. 41
2010	348536	315505	90. 52
2011	302593	278572	92. 06
2012	311314	287380	92. 31
2013	344575	320076	92. 89

从表 6-1 可以看出，企业总体数量在统计期内稳步上升，但在 2008 年之后，无论是因为退出统计还是退出市场的原因，企业数量都有所降低。另外，整个统计期内，通过基础筛选从企业总数中选取符合要求的企业数据，筛选的数据与原始数据所占比例大多数集中在 80%到 90%之间。

（3）企业进入与退出的识别

为了衡量企业进入与退出市场，对进入企业和退出企业进行数据识别，并分别对其进行重新定义。

根据大多数研究对进入企业的识别，认为企业在上一期中观测值不存在，企业的观测值出现在这一期，这种情况认定为进入企业。本书对进入企业进行更进一步的细分，在以往认定的新进入企业实际上包含两种类型，一种是新进入市场，另一种为进入观测值。其中第一种企业符合对新进入市场的企业要求，与企业开业时间对比，在两年以内的确定为新进入企业；而第二种是因为数据库统计范围的原因，之前没有在数据库中出现，而由于规模扩大、经营方向变更、企业体制改变而进入数据库，与开业时间对比，为超过两年的企业，定义为新进入观测值企业。

同样地，以往在对退出企业的识别时，认为企业的观测值在 t 期存在，而在 $t+1$ 期不存在的企业，认定为退出企业。本书对退出企业也做同样的细分，在现有文献识别的退出市场企业中实际包含两种类型，一种是退出市场，另一种是退出观测值。其中第一种企业符合退出市场的条件，且今后的年份当中再也没有以其他的形式出现过的企业识别为退出企业；而第二种是因为数据库统计范围的原因，t 期以前一直是规模以上非国有企业，而因为经营不善或其他原因，t 期以后成了规模以下企业，这一部分企业销售收入在 500 万元左右，本书定义在 10% 比例上下浮动的企业退出数据库，识别为退出观测值企业。因为这一类别的企业之后很大程度上还会重新回到数据库当中，如果不加区分，又会在今后年份当中，将其识别为新进入企业，而造成数据偏误。

进入企业和退出企业的统计数据如表 6-2 所示。

表 6-2　1998—2013 年制造业企业进入与退出识别　　（单位：个）

年份	原数据	筛选后	前一年未识别	进入市场	进入观测值	后一年未识别	退出市场	退出观测值
1998	140119	124918	—	—	—	23829	18876	4953
1999	162023	139754	13086	4929	8157	24106	16873	7233
2000	188721	143160	13976	5823	8153	20615	12973	7642
2001	186783	149636	13995	6794	7201	17687	10178	7509
2002	201302	161345	14987	5984	9003	19843	13278	6565
2003	250439	221187	29876	10987	18889	69675	25672	44003
2004	291056	252420	30318	13982	16336	29830	17656	12174
2005	308291	249193	23407	11002	12405	27487	17483	10004
2006	312391	278188	26574	15897	10677	30785	19943	10842
2007	328867	310847	29874	19870	10004	32945	20054	12891
2008	395128	365871	31267	20675	10592	32675	20965	11710
2009	351797	325085	28765	11698	17067	31319	19653	11666
2010	348536	315505	30672	13792	16880	33269	20785	12484
2011	302593	278572	26798	11781	15017	34251	22674	11577
2012	311314	287380	28749	13147	15602	29786	19959	9827
2013	344575	320076	29784	14628	15156	—	—	—

其中，针对每一年的企业与 $t-1$ 期和 $t+1$ 期进行对比，将前一年未识别的企业按照要求又区分为新进入市场的企业和进入观测值的企业，将后一年未识别的企业按照要求区分为退出市场企业和退出观测值的企业，各部分占比如表 6-3 所示。

表 6-3　1998—2013 年制造业企业识别占比　（单位：个）

年份	原数据	筛选后	前一年未识别占比	后一年未识别占比	识别企业占比（%）
1998	140119	124918	—	23829	80. 92
1999	162023	139754	13086	24106	73. 38
2000	188721	143160	13976	20615	75. 83
2001	186783	149636	13995	17687	78. 82
2002	201302	161345	14987	19843	78. 41
2003	250439	231187	29876	69675	55. 91
2004	291056	252420	30318	29830	76. 17
2005	308291	249193	23407	27487	79. 57
2006	312391	278188	26574	30785	79. 38
2007	328867	310847	29874	32945	79. 79
2008	395128	365871	31267	32675	82. 52
2009	351797	325085	28765	31319	81. 51
2010	348536	315505	30672	33269	79. 73
2011	302593	278572	26798	34251	78. 08
2012	311314	287380	28749	29786	79. 63
2013	344575	320076	29784	—	90. 69

由表 6-2 和表 6-3 可见，进入企业中新进入市场企业总数为 180989，进入观测值企业总数为 191136；退出企业中退出市场企业总数为 287022，退出观测值企业总数为 191080。最终识别的企业占比多数达到 70%至 80%，2003 年数据识别占比较低，是因为 2004 年由于经济普查，修正完善之前的统计信息，数据变更较大。由于细分了企业行为，区分了进入退出市场和进入退出统计范围的企业，使得本书所统计的进入和退出市场的企业数量小于目前文献中对这一部分的统计，但对企业状态的细分和研究有助于与现实经济环境符合，

为提出适当的政策措施提供可靠的基础，而如果不对其两种情况进行细分，会导致进入企业和退出企业同时出现数据误差。

（4）实际资本存量的计算

数据库中原始数据中有固定资产净值、原值与资本折旧等变量，但根据Brand（2012）与简泽等（2014）的研究证实，直接采用数据库中的原始数据还导致计算出现显著性的偏误。是因为无论是采取固定资产原值还是净值都是以购置价格表示的名义价值累积，而名义价值不能跨年加总，同时，实际研究证明累计折旧被极大程度上低估了①。因此，必须计算矫正实际资本存量来代替原始数据中的名义资本存量。

对实际资本存量的计算中，通常采用固定资产净值和原值两种途径进行测算，而前者已经在数据收集时去掉了折旧部分，因此只需要对价格因素进行调整再进行累计就可以得到实际资本存量。因数据库的原始数据中，企业成立时间在1998年至2013年有216743家企业登记时间不一致，42895家企业成立时间超过三个不同年份，问题数据占据了较大比重，因此对不一致的成立时间按照众数确定为最终成立年份。将数据统计时间1998年定义为计算的基期。将开业时间早于1998年的，需要推算企业开业年份的实际资本存量，开业时间晚于1998年的，以实际开业时间的固定资产净值作为初始实际资本存量。本书采用永续盘存法计算企业的实际资本存量，具体可以表示为：

$$RK_{i0} = \frac{NNK_{it'}}{p_t \prod_{t=0}^{t'}(1+g_{it})} \tag{6-8}$$

$$RK_{it} = \frac{NNK_{it'}}{p_t \prod_{t=0}^{t'}(1+g_{it})} g_{it} + RK_{it-1} \quad (t \leqslant t') \tag{6-9}$$

$$RK_{it} = \frac{NNK_{it} - NNK_{it-1}}{p_t} + RK_{it-1} \quad (t > t') \tag{6-10}$$

其中，RK_{i0}为企业开业年份的实际资本存量，$NNK_{it'}$为企业首次在数据库中有观测值的年份，g_{it}是固定资产净值的增长率，可根据经济普查数据中各年度的固定资产名义变量，计算出分行业的固定资产净值的增长率，RK_{it}为t期的实际资本存量，RK_{it-1}为$t-1$期的实际资本存量，NNK_{it}是固定资产净值，因为固定资产净值已经考虑了折旧，因此只对价格因素进行调整，P_t是t期的固定资产投资价格指数，数据来源于巨灵金融数据库。

① 简泽，张涛，伏玉林. 进口自由化、竞争与本土企业的全要素生产率——基于中国加入WTO的一个自然实验［J］. 经济研究，2014（8）.

首先根据首次出现年份的固定资产净值推算成立年份的实际资本存量，之后根据首次出现年份分成两段，之前的采用式（6-7）计算，之后的每年固定资产净值是已知的，采用式（6-8）进行计算。本书重新计算得到的实际资本存量与数据库中直接给出的变量对比情况可见图 6-1。

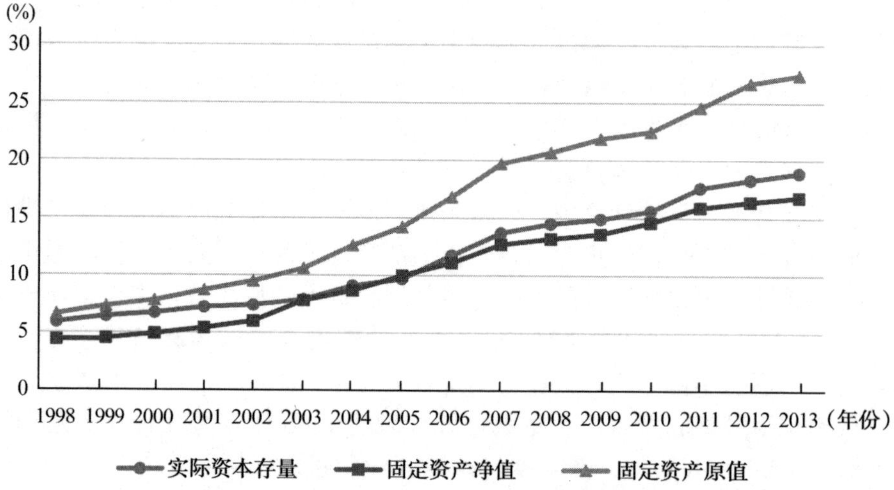

图 6-1　1998—2013 年实际资本存量、固定资产净值与固定资产原值对比

从图 6-1 可以看出，实际资本存量与固定资产净值、原值的时间趋势大致相同，实际资本存量与固定资产净值相近，略大于固定资产净值，与固定资产原值相差较大，因此直接使用固定资产原值容易造成实证结果的偏差。在整个样本期实际资本存量的增长幅度较大，最快的两个阶段分别是 2003 年至 2007 年，2011 年至 2013 年。

（5）其他变量

为了保证数据在时间趋势上具有可比性，采用价格平减指数处理其他产出与投入的名义变量，对于工业增加值采取收入法计算，为企业应付报酬、应付福利、生产税净值、营业利润和固定资产当年折旧的加总。对于整个样本期内的行业划分标准不一致问题，按照 2002 年国民经济行业分类标准进行调整。

6.3 全要素生产率加总分解的实证研究

6.3.1 全要素生产率的加总

由于制造业中包含行业众多，各行业之间的生产技术不尽相同，最常用的是通过企业的生产率加权得到加总的全要素生产率，常用的权重包括工业产值比重、就业人数比重和工业增加值比重。本书采用OP半参数方法，首先估计了二分位层面的生产函数，然后对企业生产率的对数形式通过加权，最后得到加总层面的全要素生产率。表6-4用为估计生产函数中资本、劳动力和中间投入的系数，按照2002年国民经济行业分类标准从13位到42位进行排列。由于服务业的特殊性以及能源行业不适用于现有研究方法的事实，表6-4不包括矿产及电力、天然气和水的生产和供应。

表6-4 中国制造业分行业生产函数系数

行业代码	行业名称	资本弹性	劳动弹性	系数加总
13	农副产品加工业	0.401***	0.589***	0.990
14	食品制造业	0.478***	0.508***	0.986
15	饮料制造业	0.491***	0.491***	0.982
16	烟草制造业	0.675***	0.335***	1.010
17	纺织业	0.392***	0.501***	0.893
18	纺织服装、鞋、帽制造业	0.319***	0.528***	0.847
19	皮革、毛皮、羽毛（绒）及其制品业	0.299***	0.599***	0.898
20	木材加工及木、竹、藤、棕、草制品业	0.315***	0.621***	0.936
21	家具制造业	0.301***	0.619***	0.920
22	造纸及纸制品业	0.442***	0.636***	1.078
23	印刷业和记录媒介的复制	0.529***	0.412***	0.941
24	文教体育用品制造业	0.414***	0.485***	0.899

续表

行业代码	行业名称	资本弹性	劳动弹性	系数加总
25	石油加工、炼焦及核燃料加工业	0.498***	0.399***	0.897
26	化学原料及化学制品制造业	0.379***	0.543***	0.922
27	医药制造业	0.407***	0.679***	1.086
28	化学纤维制造业	0.382***	0.522***	0.904
29	橡胶制品业	0.406***	0.533***	0.939
30	塑料制品业	0.470***	0.489***	0.959
31	非金属矿物制品业	0.339***	0.597***	0.936
32	黑色金属冶炼及压延加工业	0.337***	0.697***	1.034
33	有色金属冶炼及压延加工业	0.499***	0.698***	1.197
34	金属制品业	0.412***	0.488***	0.900
35	通用设备制造业	0.447***	0.392***	0.839
36	专用设备制造业	0.449***	0.372***	0.821
37	交通运输设备制造业	0.467***	0.481***	0.948
39	电气机械及器材制造业	0.398***	0.518***	0.916
40	通信设备计算机和其他电子设备制造业	0.439***	0.501***	0.940
41	仪器仪表及文化、办公用机械制造业	0.444***	0.412***	0.856
42	工艺品及其他制造业	0.397***	0.503***	0.900

注：*** 为在1%水平上显著。

从表6-4中国制造业各个行业生产函数系数可以得到以下结论：

根据系数加总表示为资本系数和劳动系数的简单加总，在29个行业中最大值为1.197，最小值为0.821，将0.9~1定义为规模报酬不变，小于0.9定义为规模报酬递减，大于1定义为规模报酬递增，可以得出规模报酬不变的行业有16个，规模报酬递减的行业有8个，规模报酬递增的行业有5个。

需要说明的是，现有文献中对劳动投入变量主要以两种形式表示，一是直接使用企业就业人数，二是以企业工资等一起来反映劳动投入。因为直接使用企业就业人数不能反映人力资本内涵的变化和提升，较多的企业采用Brandt（2012）工资报酬来反映人力资本投入。但在实际使用中，由于企业中除了工资报酬之外还有很多其他性质的收入，造成人力资本投入往往被低估了，Hsieh 和 Klenow（2009）采用对应付工资乘以固定比例的方法提高人力资本投入程度，而本书在应付工资的基础上，加总应付福利费、劳动保险费、养老医疗保险费用、住房公积金、工会经费、职工教育费等项目，尽可能地涵盖企业的隐性福利。

在此基础上，本书从企业层面的生产率出发，分别以工业产值、就业人数和工业增加值加权方式，计算加总的全要素生产率。由于涵盖行业众多，而不同的行业地位和不同的生产技术之间，加总的全要素生产率横向不具有可比性，但加总的全要素生产率反映了时间上纵向的联系和变化，在时间上具有可比性。

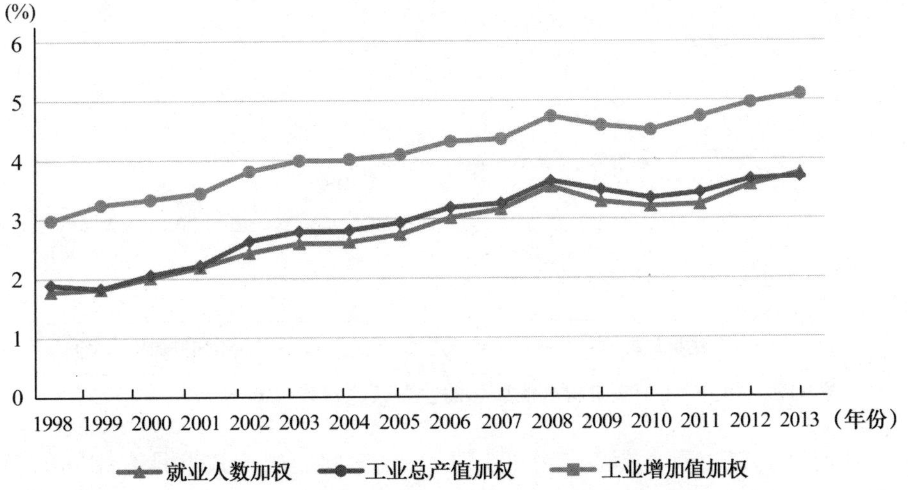

图 6-2　三种加权方式下的制造业加总全要素生产率

从图 6-2 三种加权方式下的加总的全要素生产率的时间趋势上，可以得到以下结论：

（1）图 6-2 是中国制造业 29 个行业 1998 年至 2013 年根据不同加权方式计算得到的加总的全要素生产率，根据工业增加值加权计算得到的加总全要素生产率为基准，对比三种加权方式，可以比较时间变化趋势，也可看出这三种加权方式形成的加总的全要素生产率具有相同的增长趋势。

（2）从图 6-2 中可以看出，以工业增加值加权为例，从 1998 年到 2013 年，加总的全要素生产率保持稳步上升态势，从 1998 年的 1.89%增长到 2013 年的 3.71%，在这 16 年间，增幅达到 55%，中国制造业的全要素生产率得到了极大的提升，年均增长率达到 2.95%，2006 年增幅最大，为 5.37%。

（3）在这一时期，加总的全要素生产率处于稳步增长态势，但因为受到国内国外经济形势变化的影响，其间有两个阶段全要素生产率变化较大：一是2003年至2006年，受到中国加入世界贸易组织的持续作用，技术引进和模仿创新极大程度上提升了制造业的生产技术，迅速地提升了企业的生产率水平；二是在2008年至2013年，受到国际金融危机影响，对企业生产率形成冲击，在这一阶段全要素生产率出现了下降和增长缓慢，在两年之后才逐步开始出现增长态势，并随着政府的4万亿经济刺激计划，政府依靠扩大投资拉动增长，稳定了全要素增长率的变动，并开始出现小幅提升。

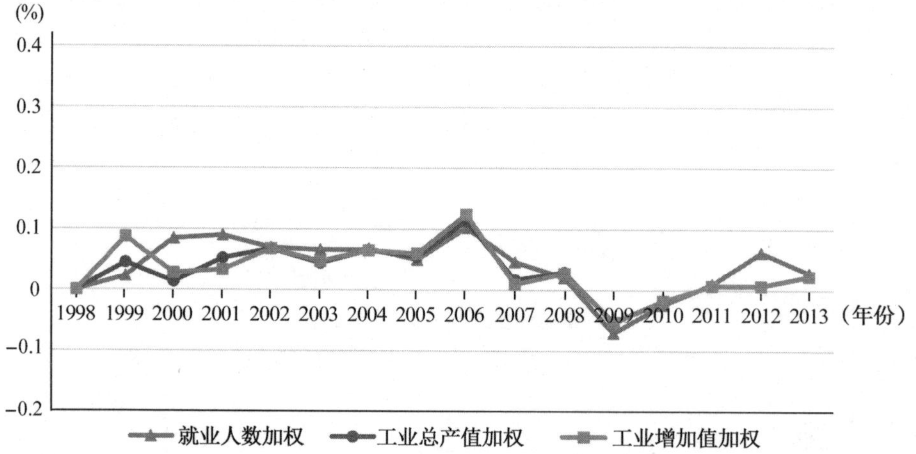

图6-3 1998—2013年制造业加总的全要素生产率增长率变化（加权对比）

从时间趋势上看，图6-3中可以看出，三种加权方式下具有相同的趋势，其中在2006年加总全要素生产率的增长最为强劲，以工业增加值加权计算达到了0.12%。但随着国际经济形势的变化与国内人口红利的消失，资源配置效率持续偏低，伴随着制造业企业的规模逐步增大，想要维持或者提升全要素生产率水平，依靠过去的扩大投资拉动变得越来越困难，在2009年甚至出现了全要素生产率变化的负增长。

前期依靠扩大投入引起的企业生产率的提升，花费了巨大的成本和代价，后期想要维持同前期一致平稳增长显得动力不足，具体表现在加总的全要素生产率的增长速度放缓的迹象上。从图6-3全要素生产率的变动情况来看，中国制造业的整体技术提升势在必行，并且由于资源的有限性，需要尽快地加大经济增长方式转变的力度，从全要素生产率增长的内源来寻找促进全要素生产率的增长途径。

6.3.2　全要素生产率的分解

通过前文对企业层面的生产率进行计算并得到加总层面的全要素生产率，在中国制造业处于全要素生产率亟待提升的情况下，结合本书的理论框架分析和微观运行机理，将全要素生产率按照企业生产率、资本投入和劳动投入的要素再配置效率以及企业进入退出的净收益三个部分进行分解。由于研究建立在微观企业的基础上，并且以微观运行机理为切入点，区别于常见的对全要素生产率的研究，可以在企业异质性的前提下研究全要素生产率的分解，并对前文提出的造成损失的途径进行验证。因此这一部分的实证研究不仅有助于理论模型在制造业中的全要素生产率的应用，更帮助我们分析其变动因素和内在机理，为提出可能有效的经济转型战略提供大样本的实证检验基础。

根据方程将全要素生产率分解为企业生产率、资本投入和劳动投入的要素再配置效率以及企业进入退出的净收益三个部分，其中，资本要素再配置和劳动要素再配置是生产过程中的主要生产要素，两者综合构成企业间的要素配置，具体分解结果如表 6-5 所示。

表 6-5　1999—2013 年制造业全要素生产率的分解　（单位：%）

时间	全要素生产率	企业生产率	资本要素再配置	劳动要素再配置	进入与退出净收益
1999	1.83	1.3725	0.26	0.22	-0.02
2000	2.06	1.442	0.54	0.13	-0.05
2001	2.22	1.5762	0.11	0.47	0.07
2002	2.63	1.8147	0.08	0.59	0.14
2003	2.79	1.8135	0.49	0.22	0.27
2004	2.81	1.9108	0.26	0.40	0.24
2005	2.94	1.8522	0.50	0.72	-0.13
2006	3.19	1.914	0.72	0.45	0.10
2007	3.26	1.8256	0.64	0.86	-0.07
2008	3.64	2.1112	0.64	0.78	0.11
2009	3.49	1.8846	0.89	0.82	-0.10
2010	3.35	1.6415	1.26	0.35	0.10
2011	3.44	1.5824	1.74	0.20	-0.08

续表

时间	全要素生产率	企业生产率	资本要素再配置	劳动要素再配置	进入与退出净收益
2012	3.67	1.4313	1.87	0.52	-0.15
2013	3.71	1.2614	1.87	0.73	-0.14
均值	2.93	1.65	0.75	0.50	0.02

根据表6-5全要素生产率的分解结果，可以得到以下结论：

（1）加总的全要素生产率在稳步提升，从1999年的1.83%提高到2013年的3.71%。在此期间，平均的加总全要素生产率达到2.93%，其中1.65%来自企业自身技术水平的变化带来的生产率的提升，1.25%来自企业间的生产要素在配置效率的改变，其中，0.75%来自资本配置效率，0.50%来自劳动配置效率，企业进入与退出综合后得到的净收益只占了0.02%，甚至在样本期间多数出现了负值。

（2）从分解结果中可以看出，企业生产率的提升在分解结果中所占比例最大，是造成加总的全要素生产率改变的最主要组成部分。企业生产率的提升对全要素生产率的贡献平均达到57.3%，最大贡献率为1998年的79%，最小贡献率是2013年的34%。企业生产率的提升对于加总的全要素生产率是最重要的来源，但企业成长起来需要不断改善自身的生产技术，需要花费巨大的成本和代价来逐步提升生产率。

（3）从加总的全要素生产率的分解结果中可以看出，企业间的生产要素再配置的提高的贡献程度逐步增加，并成为仅次于企业生产率提升的第二大构成部分。在此期间，资本和劳动力的生产要素再配置的效率提升对全要素生产率的贡献率平均达到42.6%，最大贡献率为2013年的69%，最小贡献率是2018年的23%。通过生产要素的再配置效率提升，生产要素更多地配置给了生产率水平较高的企业，使得加总的全要素生产率水平改善，相比通过提升企业的技术水平提高生产率来带动加总的全要素生产率的提升，改善资本与劳动力的再配置效率才是可持续的不断提升制造业全要素生产率的动力。

（4）从分解结果中可以看出，企业进入退出的净收益对于加总的全要素生产率水平并不明显，在此期间，企业进入与退出净收益的贡献率平均达到0.02，占比0.4%，在样本期的绝大多数年份甚至达到了负值。造成这样的结果主要有三方面原因：一是本书对进入与退出企业进行了细分，其中以往文献中确定为新进入的企业，本书按照企业经营状态与企业特征，又细分为了进入市场企业与进入观测值企业，退出企业又细分为了退出市场企业与退出观测值企业，使进入统计范围缩小了，造成企业进入退出的净收益贡献率并不明显；二是进入或退出市场的企业本身规模较小、生产率较低，对加总的全要素生产率的构成影响较小；三是企业进入与退出净收益的负值，从另一个角度说明优胜劣汰的市场法则遭到了干预，并没有对实现市场的最优状态提供支持，结合本书的研究理论，可以认为是生产要素市场存在扭曲，关于扭曲和市场化的改革迫在眉睫。

为了进一步研究企业生产率变化和生产要素再配置效率对于加总的全要素生产率的贡献以及在样本期的变动情况，对二者在样本期的时间趋势表示为图6-4。

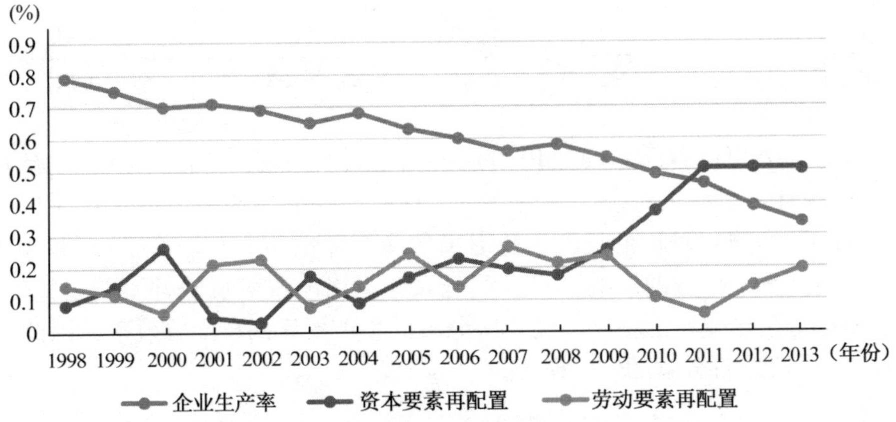

图6-4 制造业企业生产率与生产要素再配置效率的贡献率变化

从图6-4企业生产率与生产要素再配置效率的时间趋势变化上可以看出：

（1）企业生产率的变化对于加总的全要素生产率的贡献是最主要的构成部分，但在此期间，企业生产率的构成正在逐步下降，一直到2013年达到34%。由于企业提升自身生产率水平是一个艰难且漫长的过程，并且在此过程中需要投入大量资源，维持长期增长的企业生产率是有难度的，因此通过企业生产率的提升带动全要素生产率增长幅度逐步缩小。

（2）生产要素再配置效率在整个样本期内贡献率逐步增加，从样本初期，生产要素再配置效率所占比重较低，到样本末期已达到很大程度的提升，说明再配置效率在样本期内得到了很大的改善。其中资本要素的再配置效率优化程度高于劳动要素的再配置效率，尤其是2009年后期随着经济刺激计划和经济扩张，资本再配置效率得到了大幅度改善，资本和劳动力逐步配置到生产率高的部门。而通过改变经济的粗放式增长，提升生产要素的再配置效率提高了制造业的加总全要素生产率水平。

本书关于分解的实证分析采用了 Petrinsohn（2012）的 PL 方法，为了增加研究结果的稳健性，与 FHK 方法，Melitz 和 Polance（2013）的 MP 方法进行对比（见表 6-6）。

表 6-6 三种方法分解结果对制造业加总全要素生产率的贡献率对比（1998—2013）

（单位:%）

	加总的全要素生产率增长	企业生产率	生产要素再配置	企业进入与退出净收益
LP	1	0.57	0.43	0.004
FHK	1	0.23	0.36	0.41
MP	1	0.46	0.53	0.01

从表 6-6 可以看出 LP 与 MP 方法的结果大致一致，具有相似的分解结果，而 FHK 在计算过程中对企业进行分组，并考虑基准生产率，不受进入与退出的企业个数影响，因此企业进入与退出的净收益的贡献率较大。LP 和 MP 方法由于受到企业个数的影响，对企业进入与退出净收益反映并不明显，但 LP 方法能细分生产要素的种类，便于区分不同生产要素的再配置效率，因此本书选择 LP 方法进行分解的实证研究。

6.4 全要素生产率的跨行业比较

根据前文中图 6-4 和表 6-5 中关于中国制造业整体加总的全要素生产率的时间趋势分析，可以判断出在样本期内，中国制造业整体加总的全要素生产率具有稳步提升的态势，但加总的全要素生产率的增长来源有没有行业差异，行业之间有没有差异性的变化特点，本书根据各个行业的不同特征类别，对各类型行业的特点进行对比分析。

按照中国制造业各行业的经营活动，可以分成以下五个类别。根据张公嵬（2010）关于国民经济行业生产要素的密集程度划分，本书也将制造业分为资本、劳动和技术密集型三个类别①。根据徐伟呈等（2013）对中国制造业关于

① 张公嵬. 我国产业集聚的变迁与产业转移的可行性研究［J］. 经济地理，2010（10）.

垄断程度的划分，将中国制造业分为高垄断、垄断竞争和低垄断三个类别①。具体分类标准见表 6-7。

表 6-7　中国制造业的分类

分类标准	类别	二位数行业代码
经营特征	食品制造业	13 14 15 16
	轻纺制造业	17 18 19 20 21 22 23 24
	化学工业	25 26 27 28
	材料工业	29 30 31 32 33 34
	装备制造业	35 36 37 39 40 41 42
生产要素密集度	资本密集型	16 25 26 29 30 31 32 33
	劳动密集型	13 14 15 17 18 19 20 21 22 23 24 34
	技术密集型	26 27 28 35 36 37 39 40 41
垄断程度	高垄断型	16 25 28 37
	垄断竞争型	13 14 15 19 21 23 24 16 27 29 31 32 33 35 36 38 40 42 43
	低垄断型	17 18 20 30 34 41

按照以上不同分类标准划分中国制造业中各个行业，然后分类进行全要素生产率的加总和分解，具体结果如表 6-8 所示。

表 6-8　中国制造业全要素生产率加总与分解的跨行业比较（1998—2013）

（单位：%）

分类标准	类别	加总全要素生产率增长	企业生产率	生产要素再配置	企业进入	企业退出	进入退出净收益
经营特征	食品制造业	3.13	1.69	1.35	-0.03	0.07	0.09
	轻纺制造业	3.02	1.96	0.88	-0.02	0.13	0.18
	化学工业	2.78	1.31	1.36	-0.01	0.05	0.11
	材料工业	2.62	1.99	0.52	-0.03	0.10	0.10
	装备制造业	2.36	1.09	1.09	-0.02	0.10	0.19

① 徐伟呈，范爱军. 人民币汇率变动对就业和工资的影响——基于中国制造业细分行业的实证研究［J］. 金融研究，2013（12）.

续表

分类标准	类别	加总全要素生产率增长	企业生产率	生产要素再配置	企业进入	企业退出	进入退出净收益
生产要素密集度	资本密集型	2.98	2.06	0.63	0.09	0.14	0.30
	劳动密集型	3.03	1.48	1.39	-0.04	0.09	0.15
	技术密集型	3.32	1.53	1.76	-0.07	0.05	0.03
垄断程度	高垄断行业	3.32	1.86	1.33	0.07	0.04	0.13
	垄断竞争行业	3.18	1.53	1.62	-0.03	0.03	0.03
	低垄断行业	2.71	1.65	0.79	-0.43	0.43	0.27

根据表 6-8 中国制造业跨行业的分解结果，可以得出以下结论：

（1）按照不同的分类标准对中国制造业进行分类并计算全要素生产率的加总和分解来看，在 1998 年至 2013 年间，各种类型行业的加总全要素生产率都呈现一致的上升态势，其中，对于加总的全要素生产率贡献程度依次是企业生产率的提升、资本和劳动力的再配置以及进入退出的净收益。

（2）企业生产率的提升是加总的全要素生产率增长的最重要来源，按照经营特征分类标准，各行业对全要素生产率的企业生产率贡献都达到了 40%以上，最高是材料工业，达到了 76%；按照生产要素密集程度标准，资本密集型行业的企业生产率提升对全要素生产率增长的贡献率达到 69%，说明资本密集型行业在样本期内企业生产率增长态势良好，而劳动密集型行业和技术密集型行业在提高企业自身生产率上动力不足；按照垄断程度标准，高垄断行业的企业生产率水平在样本期变化最大，加总的全要素生产率增长达到 3.32，这跟高垄断性质的企业特征密切相关，因为高垄断企业分布密度较大，企业发展态势良好，规模处于平均水准以上，有能力改善其生产技术水平追求更高的生产率。

（3）从生产要素的再配置来看，为资本要素和劳动要素再配置的加总，其对加总的全要素生产率的贡献仅次于企业生产率的提升，在样本期内按照企业经营特征分类标准，食品工业和装备制造业的再配置效率增长明显；按照生产要素密集程度划分，技术密集型行业的生产要素再配置的贡献率明显高于其他分类标准的行业贡献率，达到 53%；按照垄断程度分类标准，垄断竞争行业的生产要素再配置效率也达到了 51%，由于垄断竞争行业在整个制造业中所占比重最大，这一类型的行业生产要素再配置贡献增加对于整个制造业来说具有重要意义。

（4）从企业进入与退出的净收益可以看出，在样本期内，不管按照哪一种分类方法，企业进入与退出净收益都以负数居多，且数值很小。在对比企业进入和企业退出两种途径之后，可以认为企业进入的负值是造成进入与退出净收益计算结果的重要因素。将企业进入与企业退出对比来看，企业退出市场对于行业的全要素生产率增长有正向的作用，而进入市场却不利于行业的全要素生产率提升，说明优胜劣汰的基础市场规则并没有完全发挥作用，新进入的企业没有带来更新的生产技术和创新的生产方式，而是拖累了整个制造业的全要素生产率提升。

6.5　全要素生产率的跨区域比较

为了对全要素生产率的计算结果进行跨区域比较，分析其结构来源，对数据库中所有企业所属省份进行细分归类，从省际层面和东、中、西、东北的区域层面进行比较，试图探究全要素生产率变化的区域差异。表6-9给出1998年至2013年全要素生产率的跨省比较。

表6-9　制造业全要素生产率的跨省比较

省份	增加值	年增长率	份额	所属区域
北京	2.29	4.45	3.20	东部
天津	2.44	5.74	3.00	东部
河北	2.05	5.25	2.80	东部
上海	3.03	3.65	10.00	东部
江苏	3.33	3.12	15.00	东部
浙江	2.43	2.89	7.30	东部
福建	3.53	2.68	3.00	东部
山东	2.19	4.42	10.00	东部
广东	3.56	3.94	18.00	东部
海南	2.23	4.65	0.22	东部
山西	3.89	8.33	1.00	中部
安徽	2.29	3.72	2.40	中部

续表

省份	增加值	年增长率	份额	所属区域
江西	2. 01	4. 17	1. 20	中部
河南	2. 07	6. 77	2. 30	中部
湖北	2. 28	3. 96	2. 40	中部
湖南	1. 98	5. 19	1. 40	中部
内蒙古	2. 12	7. 05	1. 23	西部
广西	1. 97	5. 92	0. 71	西部
重庆	3. 59	6. 69	1. 20	西部
四川	2. 13	6. 94	3. 10	西部
贵州	1. 77	1. 73	0. 62	西部
云南	2. 11	1. 46	1. 70	西部
陕西	1. 99	3. 98	1. 30	西部
甘肃	1. 87	1. 93	0. 62	西部
青海	1. 91	5. 37	0. 18	西部
宁夏	2. 02	1. 90	0. 23	西部
新疆	1. 49	1. 01	0. 25	西部
辽宁	2. 24	4. 53	2. 90	东北部
吉林	2. 33	2. 95	2. 00	东北部
黑龙江	1. 78	3. 60	0. 72	东北部

注：单位均为百分比。按照工业增加值所占比重给出部分省市的份额，表内并未包含西藏。

从表6-9关于全要素生产率的跨省比较来看，可以得到以下结论：

（1）从全要素生产率增长的角度来看，对比全部省份中增长最高的十个省份，它们是山西、重庆、广东、福建、江苏、上海、天津、浙江、吉林和安徽。其中6个省份属于东部，2个省份属于中部；与所有省份增长率最低的十个省份相比，它们分别是宁夏、江西、陕西、湖南、广西、青海、甘肃、黑龙江、贵州和新疆。其中7个省份属于西部，2个省份属于中部。它表明，生产率的最大增长在东部，最小的在西部。西部地区制造业的能源和化学工业较多，整体生产率水平较低。

（2）从全要素生产率的增长率的角度出发，与山西、内蒙古、四川、河南、重庆、广西、天津、青海、河北、湖南等省份增长率最高的十大省市相比，全部省份中增长率最低的十个省份是：黑龙江、江苏、吉林、浙江、福建、甘肃、宁夏、贵州、云南和新疆。其中增长率最高的十个省份中，5个属于西部地区，增长率最低的十个省份中，5个属于西部地区，且是最低的5位。通过增长率的对比来看，西部全要素增长率的增长速度明显提升，但西部内部也出现了分化。山西、内蒙古、四川表现出明显的追赶态势，而宁夏、贵州、云南、新疆追赶乏力，增长幅度和增长率都保持在较低状态，是否被锁定在生产水平底端还需要更多的数据证实。由于国家政策和金融支持西部省市，山西、内蒙古的生产率增长速度居于首位，但政策扶持是否能带来长期的生产率水平提升，是否能改变地区的经济落后面貌也有待于进一步验证。

（3）从工业增加值的比重来看，对比全部省市中所占比重最高的前六名均为东部省市，其中所占比重最低的前七名除了海南之外，全部是西部省市，且由于东部省市生产率水平与增长速度均排名靠前，对整体全要素生产率水平提升具有重要意义。相比东西部的工业增加值比重，也可以看出区域之间差异显著。

为了进一步对各区域的全要素生产率的增长结构分析研究，在综合省际对比的基础上，分区域对全要素生产率进行分解，从表6-10中可以分析跨区域的分解结果。

表6-10　制造业全要素生产率的跨区域分解结果（1998—2013）

（单位：%）

区域	全要素生产率增长	企业生产率增长	要素再配置	企业进入	企业退出	进入与退出净收益
东部	3.25	2.048	1.463	-0.143	-0.117	-0.26
中部	3.02	1.721	1.360	0.048	-0.109	-0.061
西部	2.58	1.522	0.774	-0.034	0.318	0.284
东北部	2.34	1.240	0.983	-0.070	0.187	0.117

从表6-10中可以看出，中国制造业的全要素生产率增长来源在区域层面有明显差异，具体包括以下几点：

（1）从总体来看，分区域的分解结果和表6-5中对整体制造业的分解结果基本趋同，企业生产率增长和生产要素的再配置是全要素生产率增长的最主要来源，而企业进入与退出的净收益贡献值较小。

（2）从企业进入和退出净收益来看，各个区域对全要素生产率增长的贡献率都较小，但西部地区的进入退出净收益贡献率达到10%，企业进入和退出效应相比其他区域都更加显著，说明市场规律在西部地区起到了良好的促进作用，通过淘汰部分低生产率企业，达到了提高整体全要素生产率的目标。东北部的进入与退出净收益的贡献率也为正值，且生产要素的再配置贡献度较大，说明在样本期内，东北地区发挥了优胜劣汰的市场机制优势，生产资源配置给了生产率水平更高的企业，但新进入市场企业生产率水平并不高，给全要素生产率增长带来更多负面影响，拖累了其进一步提升的步伐。

6.6 全要素生产率的跨国比较

为了将本书的全要素生产率加总与分解计算结果与国外形成对比，选取研究方法类似的文献计算结果，各部分分解结果对全要素生产率的贡献度见表6-11。

表6-11 全要素生产率的跨国比较 （单位：%）

序号	样 本	加总全要素生产率	企业生产率	要素再配置	进入与退出净收益
1	中国制造业（1998—2013）	2.93	1.65	1.25	0.02
2	美国制造业（1977—1996）	2.2	0.1	2	0.1
3	美国制造业（2000—2010）	1.95	0.84	1.11	0
4	印度制造业（2000—2010）	6	1.72	4.08	0.2
5	智利制造业（1979—1995）	3.4	0.95	1.6	0.85
6	智利制造业（2000—2010）	2.88	-2.01	4.13	0.75
7	厄瓜多尔制造业（1999—2010）	8	4.4	3	0.6
8	斯洛文尼亚制造业（1994—2004）	5.2	2.17	3.42	-0.42
9	斯洛文尼亚制造业（2000—2010）	3.88	1.77	2.04	0.07
10	哥伦比亚制造业（2000—2010）	3.1	-0.11	4.09	-0.88

其中中国制造业的数据来自本书研究结果，美国制造业（1977—1996）数据来自 petrin（2011）①，智利制造业（1979—1995）、斯洛文尼亚制造业（1994—2004）数据来自 Nishida（2014）②，厄瓜多尔制造业数据（1999—2010）来自 Anson（2014）③，美国制造业（2000—2010）、印度制造业（2000—2010）、智利制造业（2000—2010）、斯洛文尼亚制造业（2000—2010）数据来自 Petrin（2017）④。从表中可以看出：

（1）中国制造业生产率的增长幅度高于美国制造业生产率（2000—2010），但低于其他国家的增长水平。在表 6-11 中，在整个样本期内中国制造业的全要素生产率增长幅度和年均增长速度都处于较低水平。

（2）中国制造业中企业生产率的提高对整体全要素生产率增长贡献率最大，而美国制造业（1977—1996）全要素生产率提升中只有 5%来自企业生产率变化，智利制造业（2000—2010）、哥伦比亚制造业（2000—2010）的企业生产率却带来了整体全要素生产率的负向变化。

（3）中国制造业中全要素生产率的提升中有 0.92 来自生产要素的再配置，而对比其他各国，除了厄瓜多尔制造业（1999—2010）、斯洛文尼亚制造业（2000—2010）以外，生产要素的再配置都是提升全要素生产率的最主要途径，通过前文得知在样本期内中国生产要素再配置已取得一定提升，但在未来持续提升全要素生产率的过程中，还要继续优化生产要素再配置，增加其贡献程度，挖掘中国制造业的全要素生产率提升潜力。

综上所述，本章的研究结论如下：

（1）通过对中国制造业的全要素生产率进行加总，在样本期内中国制造业加总的全要素生产率保持稳步上升态势，年均增长达到 2.93%。考虑到对加总的全要素生产率计算的过程中表现出对方法和数据的敏感度，采用三种加权方法进行加总，尽量以贴近现实的方式处理数据，力求提高测度的准确性。

（2）通过对加总结果进行分解，探究全要素生产率的增长途径，结果表明企业自身提升生产水平是中国制造业生产率上升的最主要因素，生产要素再

---

① Amil Petrin, T. Kirk White, Jerome P. Reiter. The Impact of Plant-level Resource Reallocations and Technical Progress on U. S Macroeconomic Growth [R]. NBER Working Paper No. 16700, 2011 (1).

② M Nishida, A Petrin. Are We Undercouting Reallacation's Contribution to Growth [R]. US Census Bureau Center for Economic Studies PaperNo. CES-WP-13-55R, 2014.

③ Anson T. Y. Ho Kim P. Huynh David T. Jacho Chavez German Cubas. Productivity, Reallacation and Distortion: Evidence from Ecuadorian Firm Level Data [R]. 2014.

④ Emmanuel Dhyne, Amil Petrin, Valerie Smeets, Frederic Warzynski. Multi Product Firms, Import Competition, and the Evolution of Firm-product Technical Efficiencies [R]. NBER Working Paper No. 23637, 2017 (1).

配置效率的提升也逐步增加其贡献度，而企业进入与退出净收益的贡献度较低。在样本期内，57%来自企业自身生产率的提升，43%来自企业间的资本与劳动力要素再配置效率的改变，其中，0.75%来自资本配置效率，0.5%来自劳动配置效率，企业进入与退出综合后得到的净收益只占了0.02%，甚至在样本期间多次出现了负值，说明市场规律并没有发挥其运行机制。同时为了验证估计结果的稳健性，采用对照其他两种方法进行分解结果的检验。

（3）为了进一步研究全要素生产率增长的结构特点，通过跨行业、跨区域和跨国三个层次对加总和分解结果进行比较。按照经营特征、要素密集度、垄断程度进行分类，按照省际、区域之间估计结果来比较制造业内部各行业之间的生产率增长区域结构，并同其他九国进行对比，分析了解中国全要素生产率的增长特点和增长空间。

6.7 小　结

本章主要包括以下两个部分：一是对全要素生产率加总分解的实证研究，首先介绍常用的实证研究方法，在此基础上根据本书的研究内容和研究目标进行改进和发展，形成适合本书的实证方法，并对1998年至2013年的中国工业企业数据库进行数据处理和分析，初步得出实证检验的基础数据，在此基础上，形成宏观层面的全要素生产率，并根据企业内部的生产率，企业间要素的配置效率，进入退出净收益进行分解；二是通过全要素生产率的跨行业、跨区域和跨国三个层次对加总和分解结果进行对比研究，全面了解中国制造业全要素生产率增长的区域结构和行业特点。本章对于全要素生产率的实证过程中，尽量克服了现有文献中可能存在的一些测量偏差和估计偏误，并通过对比研究进一步了解中国制造业的全要素生产率水平。

第7章　要素市场扭曲、企业创新与全要素生产率的实证研究

从第六章全要素生产率的加总与分解结果中可以看出，提高全要素生产率的途径主要来自两个方面：提高企业生产率和优化生产要素的再配置效率。由于生产要素市场的扭曲现状极大阻碍了资本要素和劳动力要素在企业间的配置效率提升，如何改善中国生产要素市场的扭曲现状对于提升全要素生产率至关重要。另外，企业生产率的提升是来源于企业创新的推动，而企业是否具有创新能力，如何在企业生产率增长乏力的状态下，做出主动性的创新选择，是本章的主要研究内容。因此，这一章节是在全要素生产率实证研究的基础上，从要素市场扭曲和企业创新两个角度考察如何提升全要素生产率的途径和增长空间，本章既是在第六章的基础上实证研究的延续，也是对第三章理论框架和第四章微观运行机理的进一步检验。

本章主要包括以下四个部分：一是对要素市场扭曲程度的测度，并按照企业的所有制差别进行扭曲测度的比较；二是从要素市场扭曲对全要素生产率的影响进行分析，从损失形成的角度，探究要素市场扭曲改善带来的全要素生产率的损失减少与全要素生产率的增长空间；三是分析企业创新对提升加总的全要素生产率的意义和作用，从分解的角度，考察企业创新的市场结构变化和全要素生产率的提升渠道；四是企业如何在具备创新能力的前提下，做出对未来创新结果的衡量，并做出合理的创新选择。

7.1 要素市场扭曲程度的测度

7.1.1 测度的方法

关于测度要素市场扭曲程度的方法非常多，包括宏微观角度、多种生产函数与各种指标方法，考察扭曲的形成原因和价格因素，而本书从扭曲的本质和定义出发，即边际产出和边际成本的偏离程度来对扭曲现状进行测度。这样的测度方法不考虑造成扭曲的具体原因或具体的政策，而是通过偏离结果直接反映造成要素市场扭曲的所有因素。当偏离程度为零时，要素市场扭曲不存在，要素配置达到最优状态，也可以从侧面得出要素配置对全要素生产率的影响和增长空间。

根据第六章式（6-3）中对全要素生产率的分解结果可以看出，公式的第二项反映了要素市场的再配置，即：

$$\sum_{i}\sum_{k}\left(P_i\frac{\partial Q_i}{\partial X_k}-W_{ik}\right)\mathrm{d}X_{ik} \tag{7-1}$$

其中，P_i是价格，Q是产量，X是投入的生产要素，W是边际成本，将之改写为企业层面的函数，并将边际产出和边际成本的偏离程度定义为要素市场扭曲程度，可以写成以下公式：

$$\begin{aligned} md k_{it} &= \frac{p_{it}\partial Q_{it}}{\partial k_{it}} - r_{it} \\ md l_{it} &= \frac{p_{it}\partial Q_{it}}{\partial l_{it}} - w_{it} \end{aligned} \tag{7-2}$$

其中，mdk_{it}和mdl_{it}是资本、劳动力要素的扭曲程度，r_{it}是资本价格，即利息水平，w_{it}是劳动力价格，即工资水平。边际产出和边际成本的偏离程度包含了要素市场扭曲的信息，作为衡量要素市场扭曲的重要手段，可以反映资本和劳动力要素的扭曲程度。在实际计算过程中，由于难以确定企业层面的全部有效数据，且研究重点在于制造业整体，因此不针对具体单个企业进行要素市场扭曲程度的甄别，而考察企业与行业或部门之间的偏离程度，反映整体的要素扭曲水平。

下面建立以下的 C-D 生产函数：

$$\ln Q_{it} = \ln w_{it} + \sum \varepsilon_{ik} \ln X_{ikt} + \varepsilon_{im} \ln M_{it} \tag{7-3}$$

其中 w_{it}，ε_{ik}，ε_{im}分别是资本、劳动力和中间产品的产出弹性，产品价格采用价格平减后的出厂价格指数，根据 Wooldridge（2009）的方法对所有行业生产函数估计来计算弹性系数，然后通过边际产品和初创价格指数计算边际收益，用要素投入平均成本代替边际成本①。

根据这一方法进行测度时还要注意以下两点：一是要素市场扭曲的符号，定义边际成本大于边际收益为正向扭曲，企业因为存在超过边际收益的成本付出，处于生产劣势方，企业倾向于缩减生产或其他方式降低边际成本；当边际成本小于边际收益为负向扭曲，企业处于生产优势方，倾向于扩大生产或加大该种生产要素的使用数量。二是由于收益有多种取值标准，比如企业利润、工业总产值和工业增加值等。由于利润目标多样，且由于避税等问题，企业的真实利润难以准确衡量，而工业总产值数额夸大了企业的真实收益，因此本书选择工业增加值作为衡量标准。

7.1.2 数据来源于数据处理

本章所使用的企业层面数据来源于中国工业企业数据库（1998—2013），经过前文对数据的初步筛选和整理，按照企业登记注册类型分为以下五个类别。但由于在整个样本期内，所有制代码有过调整，企业资本金比例存在变化，企业所属类别有所变化，因此以资本金所占比例，对所有制代码有过变化的企业进行再次甄别，对各类型资本比重超过50%或资本比重最大的企业归纳进该种所有制的企业类别。由于在计算中港澳台和外资企业数量较低，将它们归于一类，即其他所有制企业，后续重点对国有企业的要素市场扭曲程度进行研究时，也将所有企业分为国有企业与非国有企业两种类型。通过筛选和分类后的数据见表7-1。

表7-1 分类型制造业企业样本个数（1998—2013） （单位：%）

年份	原数据	筛选后数据	国有企业	集体企业	民营企业	其他所有制企业
1998	140119	124918	50044	46522	19067	9285
1999	162023	139754	46723	44098	28862	20071
2000	188721	153160	40176	37829	41673	33482
2001	186783	149636	36598	28682	56298	28058

① M Wooldridge. An introduction to multiagent systems [M]. 2009.

续表

年份	原数据	筛选后数据	国有企业	集体企业	民营企业	其他所有制企业
2002	201302	161345	30989	25787	76287	28282
2003	250439	221187	24687	22879	122872	50749
2004	291056	252420	20089	19221	157283	55827
2005	308291	249193	19867	16754	166782	45790
2006	312391	278188	16787	14656	193768	52977
2007	328867	310847	13687	13276	217656	66228
2008	395128	365871	9533	10028	278882	67428
2009	351797	325085	8731	8914	247833	59608
2010	348536	315505	8549	8513	229159	69284
2011	302593	278572	6949	4344	218716	48563
2012	311314	287380	6787	3845	227039	49709
2013	344575	320076	5783	3213	260694	50385

从表7-1分类型的企业样本个数可以看出，在样本期内国有企业、集体企业个数显著下降，民营企业成为制造业主体，港澳台资企业和外资企业个数也超过了国有企业和集体企业，成为仅次于民营企业个数的企业类型。由于国有企业改制使得企业数量显著下降，但相比企业数量大幅度的下降速度，国有企业的整体工业增加值下降幅度不大，说明其仍然在制造业内占有重要地位；而同时民营企业在样本期内迅速增加，占比达到78%，成为制造业构成的最主要成分。

在此基础上，为了保证后续实证研究的准确性和有效性，对数据进行处理：

（1）劳动力价格

现有文献多用应付工资与就业人数之比表示劳动力价格，然而企业除了工资报酬之外还有很多其他性质的收入，这里以国有企业的收入报酬及各项隐性福利最为显著。金碚（2010）关于国有企业收入的研究中显示，2008年石油、电力、电信、烟草等国有企业劳动力收入占全国制造业劳动力收入总数的半数以上，而人数占比仅为10%①。由此，往往造成国有企业的人力资本投入被低

① 金碚. 论国有企业改革再定位［J］. 中国工业经济，2010（5）.

估了，按照前文的处理方法，在企业应付工资报酬的基础上，增加福利、劳动保险、养老医疗保险、住房公积金、工会经费、职工教育费等项目，尽可能地涵盖企业的隐性福利。对制造业企业分类型的劳动力价格水平见表7-2。

表7-2 分类型制造业企业劳动力价格（1998—2013） （单位：千元）

时间	国有企业	集体企业	民营企业	其他所有制企业
1998	6.078	5.786	6.983	9.87
1999	6.877	6.043	7.632	11.006
2000	7.983	7.658	8.109	12.653
2001	8.945	7.122	9.788	13.276
2002	9.786	7.69	10.023	14.599
2003	11.109	8.473	11.282	15.627
2004	12.976	10.989	13.278	16.926
2005	15.278	11.639	14.198	18.926
2006	19.872	13.131	15.162	20.927
2007	25.673	16.571	16.891	25.067
2008	29.822	17.616	17.032	28.388
2009	32.786	20.932	19.822	32.611
2010	36.772	23.338	21.79	37.879
2011	41.228	29.565	24.335	43.278
2012	44.389	31.774	26.905	47.326
2013	47.826	34.003	32.54	50.928

注：根据中国工业企业数据库计算整理得到。

从上表劳动力价格可以看出：国有企业和其他所有制企业的劳动力价格明显高于集体企业和民营企业，国有企业和其他所有制企业的增长速度相当。由于国有企业在改制后收益大幅增加，连续上调劳动力报酬，而其他所有制企业港澳台和外企常用高薪招揽高质量人才，使得劳动力成本较高。

（2）资本价格

为了体现企业的异质性和真实反映企业的资本使用成本，而企业的真实财务数据在实际计算中很难获得，因此，采用企业财务费用和负债总额比值来反映企业获得资本的成本。需要说明的是，财务费用并不是企业的融资费用，但根据潘士远和罗德明（2006）、张杰（2011）的测算，这一比值与实际的资本价格具有相同的趋势①②，因此在实际计算中，沿用此方法计算资本价格。对企业所有制分类的资本价格水平见表 7-3。

表 7-3　分类型制造业企业的资本价格（1998—2013）　（单位：%）

时间	国有企业	集体企业	民营企业	其他所有制企业
1998	3.5	5.9	6.0	4.9
1999	3.3	5.7	5.9	4.0
2000	2.9	4.9	4.6	3.9
2001	2.6	4.8	4.1	3.6
2002	2.6	4.6	3.9	3.4
2003	2.4	4.5	3.9	3.9
2004	2.4	3.9	3.4	2.9
2005	2.4	4.0	4.1	3.2
2006	2.5	4.2	4.2	3.4
2007	2.7	4.7	4.8	3.9
2008	2.9	4.7	4.8	3.9
2009	2.7	4.5	4.6	3.5
2010	2.7	4.5	4.8	3.6
2011	2.8	4.6	4.9	3.6
2012	2.6	4.7	4.9	3.2
2013	2.4	4.6	4.6	3.1

注：根据中国工业企业数据库计算整理得到。

从表 7-3 分类型企业资本价格可以看出：国有企业相比集体企业、民营企业和其他所有制企业来说，资本使用成本最低，这一结果也在现有文献中得到验证。由于国有企业有国家资本为背景，在行业内一般都具有特殊的经济地位，在使用资本生产要素时，也获得了特殊的待遇。资本的使用价格仅低于国有企业的是其他所有制企业，这与港澳台资企业与外资企业在现实经济中享受

① 潘士远，罗德明. 民间金融与经济发展［J］. 金融研究，2006（4）.

② 张杰，黄泰岩，芦哲. 中国企业利润来源与差异的决定机制研究［J］. 中国工业经济，2011（1）.

到的超国民待遇情况一致，同时也跟其较高的管理水平、技术水平相关，使其更容易获得资本青睐。而集体企业和民营企业多处于竞争性较强的行业，在资本获得领域不具备比较优势，也没有较好的资本担保背景，资本使用成本相对较高。

7.1.3　要素市场扭曲程度的测度：所有制比较

根据之前的定义和数据处理，按照企业的所有制分类、分省份区域和 1998—2013 年进行回归，结果基本一致，并没有出现明显差别。为了消除数据之间的波动性、异方差性，对数据取对数，并选择 C-D 生产函数，将表示生产要素扭曲现状的偏离程度按照企业的所有制分类反映在表 7-4。其中，拟合优度为 0.672~0.95，说明只考虑资本和劳动力的因素对产出变动的解释率较高。下面分别给出分类型企业的资本和劳动力扭曲程度。

表 7-4　分类型制造业企业资本扭曲（1998—2013）

年份	国有企业	集体企业	民营企业	其他所有制企业
1998	0.40	0.48	0.42	0.42
1999	0.41	0.50	0.46	0.42
2000	0.49	0.58	0.53	0.52
2001	0.50	0.60	0.49	0.50
2002	0.54	0.62	0.61	0.54
2003	0.56	0.62	0.69	0.58
2004	0.61	0.70	0.58	0.63
2005	0.72	0.72	0.80	0.69
2006	0.75	0.81	0.81	0.72
2007	0.76	0.82	0.84	0.72
2008	0.81	0.88	0.89	0.80
2009	0.79	0.82	0.90	0.91
2010	0.82	0.83	0.94	0.92
2011	0.84	0.84	0.84	0.87
2012	0.84	0.85	0.85	0.93
2013	0.82	0.83	0.84	0.94

表 7-5　分类型制造业企业劳动力扭曲（1998—2013）

年份	国有企业	集体企业	民营企业	其他所有制企业
1998	169	153	1982	197
1999	174	189	217	182
2000	229	234	249	206
2001	205	237	280	263
2002	305	341	332	335
2003	377	391	397	381
2004	204	404	418	217
2005	260	414	536	285
2006	306	470	589	363
2007	349	485	634	412
2008	3. 82	5. 16	6. 52	4. 77
2009	3. 37	4. 73	6. 67	4. 89
2010	3. 91	4. 97	7. 01	4. 95
2011	4. 22	5. 62	7. 11	5. 17
2012	4. 31	6. 03	7. 32	5. 43
2013	4. 26	6. 21	7. 37	6. 07

从表 7-4 和表 7-5 可以看出：

（1）按所有制划分的不同企业中，资本和劳动力边际产出和边际成本的偏离程度的均值，根据各年度的均值和标准差，可以发现整个样本期内要素市场扭曲都具有极大的离散性。对于资本扭曲程度而言，年均有 15%的估计量为负，对于劳动力扭曲程度而言，年均有 19%的估计量为负，显示出高度离散型特征，并且中国制造业存在着明显的扭曲现状。

（2）资本和劳动力的边际产出均大于边际成本，即按照所有制分类的各类型企业在样本期内都存在负向的扭曲问题，各类型企业边际额外收益的偏离程度具有相似的时间趋势。

（3）在样本期内资本扭曲和劳动力扭曲都呈现逐步加剧的趋势，就不同所有制分类的各类型企业中，国有企业无论资本扭曲程度还是劳动力扭曲程度都较其他类型企业相对偏低，民营企业、港澳台资企业和外资企业的资本扭曲程度和劳动力扭曲程度较高。

（4）虽然劳动力扭曲程度从数值上大于资本扭曲程度，但因为就业人数单位、资本投入单位和资本价格水平单位不尽相同，虽然可以在劳动力和资本内部计算偏离程度，但二者之间并不具有可比性，不能证明劳动力扭曲程度大于资本扭曲程度。

7.1.4　要素市场扭曲程度的测度：省际比较

中国各省份由于经济发展程度不一致、经济发展方式差异化和政策因素各异，形成了不同省份之间要素市场扭曲程度的不同特点，具体数值见表7-6。

表7-6　中国各省份生产要素扭曲程度（1998—2013）

省份	资本扭曲	劳动力扭曲	省份	资本扭曲	劳动力扭曲
北京	0.84	3.87	湖北	1.02	4.52
天津	0.97	5.45	湖南	0.37	4.40
河北	0.36	3.57	广东	0.78	4.58
山西	0.47	2.96	广西	0.61	2.87
内蒙古	0.42	2.15	海南	0.43	3.98
辽宁	0.71	3.01	重庆	0.55	2.50
吉林	0.41	3.64	四川	0.58	2.67
黑龙江	0.44	3.87	贵州	0.20	2.73
上海	0.93	5.46	云南	0.32	2.88
江苏	0.57	2.97	西藏	0.19	4.50
浙江	0.45	4.11	陕西	0.48	3.20
安徽	0.36	4.25	甘肃	0.47	4.40
福建	0.87	5.88	青海	0.21	3.50
江西	0.48	4.60	宁夏	0.38	2.30
山东	0.61	4.68	新疆	0.38	2.44
河南	1.24	6.69			

从表7-6关于中国各省市的生产要素扭曲程度可看出：

（1）对于资本扭曲程度而言，东部及中部地区扭曲程度最为严重，扭曲程度最高的前五位省市分别为河南、湖北、天津、上海、福建，表示这些省市受到较严重的对资本市场的干预；西部地区资本扭曲程度较低，扭曲程度最低的后五位省市分别是安徽、云南、青海、贵州、西藏。东部地区企业数量占比将近70%，企业密集度高，对资本需求量大，政府有选择、有侧重地发展部分国有企业或大中型现代企业，数量巨大的民营企业难以在金融市场上满足全部资本需求，这使得这些省市的资本市场更加扭曲。

（2）对于劳动力扭曲程度而言，同资本市场扭曲区域差异类似，东部及中部地区扭曲程度最为严重，扭曲程度最高的前五位省市依次是河南、福建、上海、天津和山东；西部地区资本扭曲程度较低，扭曲程度最低的后五位省市依次是四川、重庆、新疆、宁夏和内蒙古。由于东部地区劳动力市场竞争激烈，在样本期内劳动力扭曲程度持续恶化。其中西藏由于农业制造业比重大且企业数量仅占总样本数量的1%，虽然劳动力扭曲程度较高但解释力较低，对整体制造业的扭曲程度影响较小。中国制造业的要素市场扭曲区域分布见图7-1、图7-2。

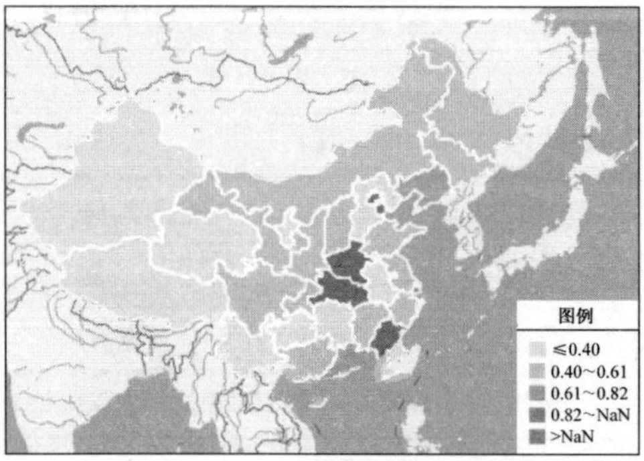

图7-1　各省市的资本扭曲比较

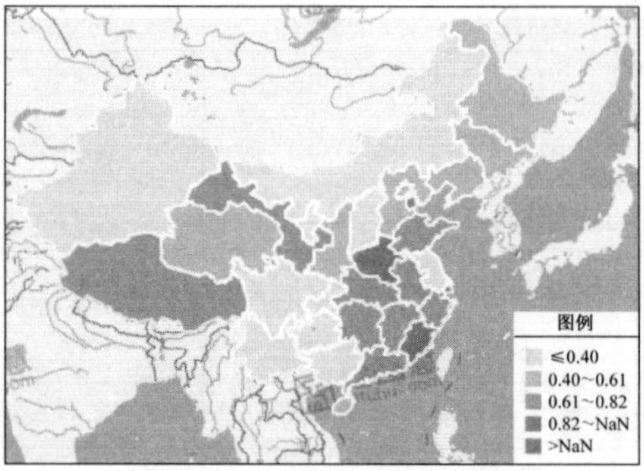

图7-2　各省市的劳动力扭曲比较

7.2　要素市场扭曲对全要素生产率的影响研究

根据前文对全要素生产率的分解得出，再配置效率的改善和提升可以提高全要素生产率，而再配置效率的扭曲及恶化会造成全要素生产率损失的结论。在这一基础上，本节按照类似的分解方法，分析要素市场扭曲程度的改善是否可以优化配置效率，并提高这一部分的全要素生产率。

7.2.1　全要素生产率损失

在对两者的研究当中，大多数文献都会构建反事实来估计扭曲消除后全要素生产率的增长空间，本书从另一角度，即存在要素市场扭曲时，全要素生产率的损失情况来对其进行分析，可以研究要素市场扭曲逐步改善，全要素生产率的损失逐步缩小的过程。

根据前文对加总的全要素生产率进行分解时，得出生产资源再配置效率对全要素生产率增长的贡献，即：

$$\sum_{i}\sum_{k}(P_i\frac{\partial Q_i}{\partial X_k} - W_{ik})\mathrm{d}X_{ik} \tag{7-4}$$

当理想经济体中要素市场不存在扭曲时，企业间的要素配置效率逐步改善至最佳状态，全要素生产率不断提升，直到由要素再配置带来全要素生产率的增加值就为零。但现实情况中总是存在生产要素市场的各种扭曲现状，只考虑消除扭曲的反事实并不反映现实状况，因此考虑要素再配置效率改善一个单位，分析了全要素生产率的损失减少，因此参考 Petrin（2011）提出的近似方法：

$$Loss = \frac{\sum_{i}\sum_{k}\left|(\frac{P_i\partial Q_i}{\partial X_k} - W_{ik})\mathrm{d}X_{ik}\right|}{APG} \tag{7-5}$$

其中，分子为存在扭曲时的全要素生产率，分母为扭曲时的整体或行业、地区内加总的全要素生产率损失，从式（7-5）可计算得到全要素生产率损失的比值形式，将偏离程度取绝对值，并将 dX 设为 1，可以求得要素市场扭曲改善一个单位的全要素生产率的变动情况。

7.2.2　要素市场扭曲对全要素生产率的影响：时间趋势

根据前一部分要素市场的扭曲程度，分析要素市场扭曲对全要素生产率的影响，然后根据全要素生产率损失 *Loss* 的计算公式进行加总和测算，由于分析的是要素市场扭曲程度的改善，则对于要素市场扭曲的正负向扭曲，都朝着减少偏离程度，即不存在扭曲的方向进行调整。将 1998 年作为调整的起点，考虑从 1999 年开始至 2013 年中，全要素生产率损失的时间趋势。为了实证结果的稳健性，除了采用 LP 方法之外，选择 OP 方法同时进行对比分析。具体数据见图 7-2。

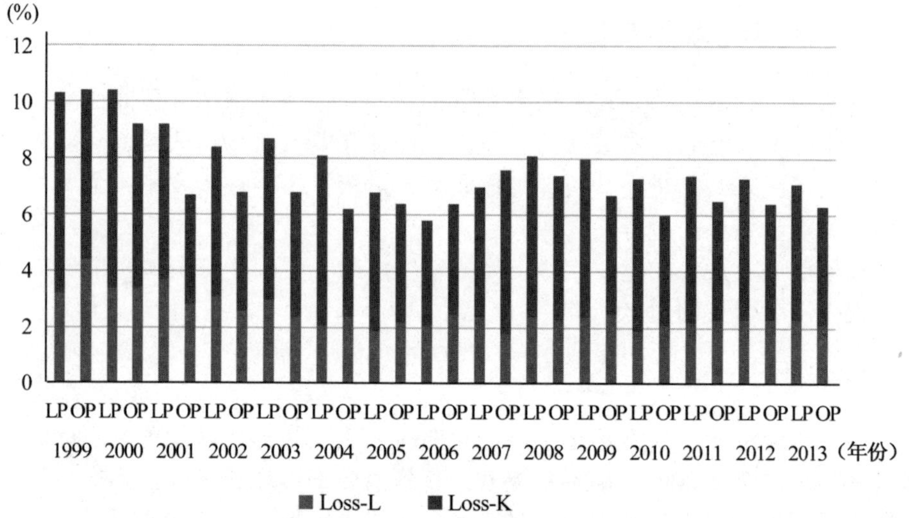

图 7-3　两种方法下的制造业全要素生产率损失（1999—2013）

从图 7-3 使用不同方法得到的损失变化的时间趋势，可以得到以下观点：

（1）根据 OP 方法和 LP 方法估计生产函数对要素市场扭曲引起的全要素生产率损失的变动进行分析，两种方法取得的结果基本相同，OP 方法略低于 LP 方法下得到的损失程度。OP 方法下资本与劳动力扭曲引起的整体平均 TFP 损失分别为 4. 6%和 2. 5%，LP 方法下资本与劳动力扭曲引起的整体平均 TFP 损失分别为 5. 5%和 2. 6%。

（2）由于本书关于生产要素投入只考虑了资本和劳动力，因此参考 Petrion（2011）关于全要素生产率的分解，可以将资本与劳动力扭曲引起的损失加总得到整体的全要素生产率损失，从另一角度来说，也等于消除要素市场扭曲后，生产要素的优化配置带来的全要素生产率的增长空间。

（3）从 1999 年至 2013 年全要素损失的变化过程来看，整体呈现出缓慢下降的时间趋势，每年波动范围在 5%到 8%之间，整个样本期内全要素生产率损失由 10. 3%下降到 7. 1%，随着损失幅度的减小，全要素生产率得到提升，在样本期内年均全要素生产率损失为 8. 1%，即要素市场扭曲改善一个单位，全要素生产率增加 8. 1%。对全要素生产率损失变化的解释，一方面是相比产品市场化改革而言要素市场改革滞后，扭曲现状的普遍存在；另一方面随着中国改革开放不断深化、加入 WTO、国有企业改革、供给侧改革的不断推进，生产要素在企业之间的配置效率提高、流动性增强，因此随着企业间的资源配置更加合理，使得全要素生产率的增长空间越来越大。

两种方法得到的全要素生产率变动的时间趋势见图 7-4。

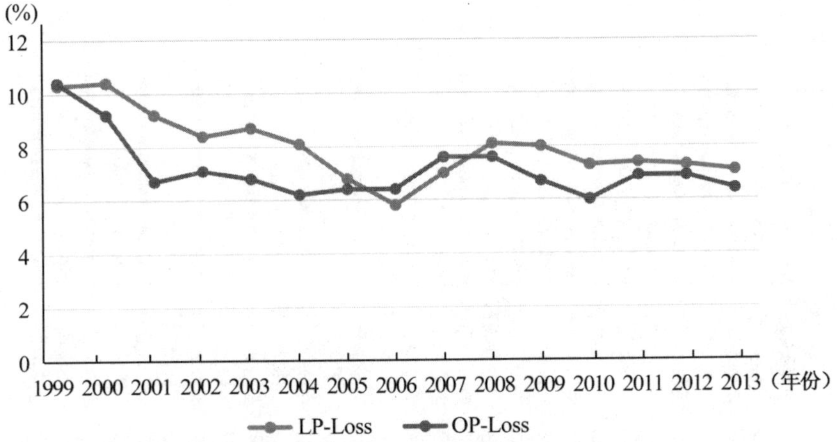

图7-4　两种方法得到的制造业全要素生产率变动时间趋势（1999—2013）

7.2.3　要素市场扭曲对全要素生产率的影响：所有制比较

根据前文对于分类型企业的要素市场扭曲程度的分析，国有企业的要素市场扭曲程度和生产率都有别于其他所有制类型的制造业企业，因此为了突出国有企业的要素市场扭曲程度改善的情况与全要素生产率变动情况，将企业按照所有制分类为国有企业和非国有企业，图7-5反映了样本期内，两种类型企业的要素市场扭曲现状分别对全要素生产率的影响。

其中，每年第一个柱体为国有企业的全要素生产率损失，第二个柱体为非国有制企业的全要素生产率损失，蓝色和红色部分分别表示劳动力和资本扭曲引起的全要素生产率损失部分。根据图7-5关于两类企业面临的扭曲现状引起的全要素生产率损失变化，可以得到以下结论。

（1）由国有企业与非国有企业构成整个企业集合，根据前文研究结果，制造业整体的要素市场扭曲程度在样本期内逐步改善，由扭曲引起的损失程度也呈现缓慢下降的时间趋势，但分类型来看，非国有企业全要素生产率损失的时间趋势变化并不明显，但相比国有企业而言，非国有企业的损失程度明显更大。

（2）国有企业在样本期内，无论劳动力还是资本扭曲造成的全要素生产率损失都得到了较大程度的缓解，对整体全要素生产率的变化具有重要影响。在样本期内国有企业面临的扭曲现状改善一个单位，整体的全要素生产率损失

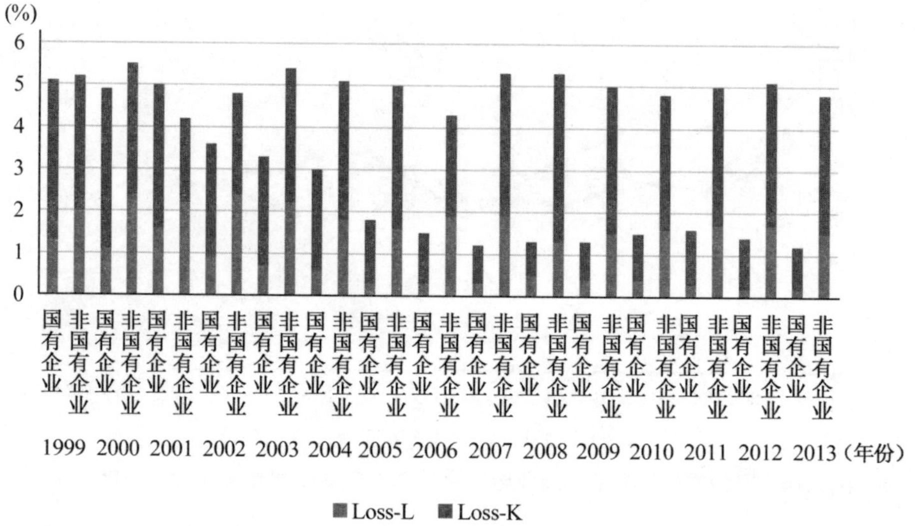

图 7-5　分类型企业要素市场扭曲对全要素生产率的影响（1999—2013）

幅度就减少 2.4%。由于国有企业在样本期内企业数量减少，但企业盈利能力和生产率水平获得提升，全要素生产率水平积极向着扭曲改善的方向逐步改变。

（3）非国有企业在样本期内，全要素生产率损失整体仍然呈现逐步减少的趋势，但减少的幅度不明显，劳动力扭曲和资本扭曲导致的全要素生产率年均变化幅度小于 5%，在样本期内非国有企业面临的扭曲现状改善一个单位，全要素生产率的总体损失减少 5.5%。其中劳动力扭曲引起的损失程度逐步下降，但损失程度仍然高于国有企业；而资本扭曲对全要素生产率的影响在整个样本期内变化不明显，说明非国有企业获得资本要素还面临着较大的资本扭曲现状。当要素市场扭曲现状改善，非国有企业将获得更大的全要素生产率增长空间。

（4）从国有企业与非国有企业在样本期内的对比情况可以看出，两种企业所有制类型之间，由于政策导向、政府引导或资金方关联等原因，国有企业的隐性福利收入，也与非国有企业之间存在明显差异，都可能导致资本与劳动力配置更倾向于国有企业，非国有企业面临的要素市场扭曲现状更加严重。

7.3 企业创新对全要素生产率的影响研究

在第六章加总与分解结果，以及第四章关于创新企业与非创新企业对全要素生产率的影响研究之后，认为全要素生产率的分解渠道主要包含企业间的要素再配置效率与企业内的生产率提高。根据要素市场扭曲与全要素生产率的关系，认为要素市场扭曲现状的改善有利于减少全要素生产率的损失，进一步提高加总的全要素生产率；而本节从企业创新角度出发，探讨企业创新对全要素生产率提升的作用和影响。

7.3.1 模型设定

根据第三章对经济体内所有企业进行规定，并分类为创新型企业和非创新型企业，从这一角度，可以将加总的全要素生产率表示为：

$$A_t = S_{it}A_{it} + S_{nt}A_{nt} \tag{7-6}$$

其中，A_t为 t 时期整体的全要素生产率，企业集合内包括创新型企业和非创新型企业两种类别，A_{it}和 A_{nt}分别为两类企业生产率，S_{it}和 S_{nt}表示两类企业的市场份额，分别为 $S_{It} = \sum_{i\in I}(s_{it}/\sum s_{it})$，$S_{Nt} = \sum_{n\in N}(s_{nt}/\sum s_{nt})$，其中份额采用工业增加值计算。那么前后两期的生产率之差为：

$$A_t - A_{t-1} = S_{It}A_{it} + S_{Nt}A_{nt} - S_{It-1}A_{it-1} + S_{Nt-1}A_{nt-1} \tag{7-7}$$

在上式中加入 $S_{it}A_{it-1}$和 $S_{nt}A_{nt-1}$，并按照全要素生产率分解的角度进行简单变换，可以得到：

$$\begin{aligned} A_t - A_{t-1} = &(S_{It} - S_{It-1})A_{it-1} + (S_{Nt} - S_{Nt-1})A_{nt-1} \\ &+ (A_{it} - A_{it-1})S_{It} + (A_{nt} - A_{nt-1})S_{Nt} \end{aligned} \tag{7-8}$$

其中，$A_t - A_{t-1}$是生产率的变化，前两项是两类企业之间的资源再配置效率，后两项是随着时间变化，企业内部的生产率变化，因此，在不考虑企业进入与退出动态环境时，将加总的生产率变化分解为企业内生产率和两类企业之间的资源再配置两个因素。

关于企业是否归属在创新企业或非创新企业的划分，现有文献中多数采用创新投入与创新产出两种方式衡量企业创新的标准，分别采用研究开发费用的支出或者新产品产值来进行区分。为了保证研究的稳健性，本书采用创新产出的方式即新产品产值来判断企业创新，并同时对研发创新费用进行对比计算。

7.3.2 企业创新与全要素生产率的实证分析

根据现有文献关于创新企业与非创新企业的区分标准，本书对这两种方式都进行分组，并在此基础上计算全要素生产率的分解结果，以期得到更好的稳健性。具体数据见表 7-7。

表 7-7 两种分组方式下创新企业与非创新企业比重（1998—2013）（单位:%）

年份	新产品产值		研发创新费用	
	创新企业	非创新企业	创新企业	非创新企业
1998	8.53	91.47	8.90	91.10
1999	7.88	92.12	8.97	91.03
2000	7.25	92.75	9.13	90.87
2001	7.64	92.36	9.38	90.62
2002	7.28	92.72	9.41	90.59
2003	11.47	88.53	9.89	90.11
2004	23.46	76.54	10.78	89.22
2005	10.03	89.97	10.12	89.88
2006	10.36	89.64	10.48	89.52
2007	9.04	90.96	11.03	88.97
2008	8.89	91.11	11.78	88.22
2009	8.69	91.31	12.84	87.16
2010	10.87	89.13	13.18	86.82
2011	11.32	88.68	14.83	85.17
2012	12.97	87.03	15.32	84.68
2013	14.59	85.41	15.78	84.22

表 7-8 两种分组方式下创新企业与非创新企业的全要素生产率增长分解结果（1999—2013）（单位：%）

年份	全要素生产率	新产品产值		研发创新费用	
		企业生产率	要素再配置	企业生产率	要素再配置
1999	1.83	1.76	0.07	1.78	0.05
2000	2.06	1.94	0.13	1.91	0.16
2001	2.22	2.08	0.14	2.03	0.20
2002	2.63	2.52	0.12	2.44	0.20
2003	2.79	2.64	0.16	2.57	0.23
2004	2.81	2.72	0.09	2.54	0.28
2005	2.94	2.81	0.14	2.65	0.31
2006	3.19	2.89	0.34	2.86	0.37
2007	3.26	2.99	0.29	2.91	0.38
2008	3.64	3.32	0.35	3.25	0.43
2009	3.49	3.12	0.42	3.15	0.38
2010	3.35	3.10	0.27	3.05	0.32
2011	3.44	3.13	0.34	3.09	0.38
2012	3.67	3.41	0.27	3.27	0.43
2013	3.71	3.39	0.35	3.29	0.46
平均	2.93	2.70	0.23	2.62	0.31

其中，对于创新数据缺失年份的数据采用前后两年的几何平均数进行填充，判断其属于创新企业还是非创新企业，对于连续两年判定企业创新标准的数据缺失的企业归于非创新企业。并以1998年为基期，表7-8统计了1999年至2013年的企业分组情况与全要素生产率的分解，从上表可以看出：

（1）按照两种分组方式得到的分解结果中，可以看出企业生产率提升都是全要素生产率的最主要途径，而随着时间的推移，创新企业虽然绝对数量较小，但在样本期内企业数量不断攀升，所占比重不断增加，而非创新企业的比重不断下降。2004年由于经济普查工作，使得很多未统计数据进入统计范围使得当年创新企业数目增加。

（2）按照新产品产值与研发创新费用为标准分组结果中，创新企业占比较低，整个样本期内也没有超过20%。对样本期内创新企业与非创新企业的区别可看出，尽管对于创新投入的经费逐年增长，但中国制造业中企业创新所占比例仍然较低，创新投入和创新产出都显不足，无论以哪一种方式判断企业创新，创新的绝对数量都处于较低水平。

（3）按照当年的新产品产值为标准进行分组的创新企业和非创新企业中，显示出制造业加总的全要素生产率的变动主要来自企业内部的生产率提升，以新产品产值和研发创新费用划分，分别达到2.7和2.62。而创新企业与非创新企业之间的要素再配置效率提升以新产品产值和研发创新费用分别作为分组的依据，只达到了0.23和0.31。

7.4 关于企业创新的进一步检验

企业通过创新可以提高自身生产率水平，并可以通过整体加总后提高整个经济体的全要素生产率，但现实中企业创新水平低、创新企业比重较小，企业对于创新并没有表现出期待的动力和热情。为何大量企业维持进入市场的初始状态，只获得基本利润，并不选择开展创新活动？为进一步研究企业创新选择的依据和原因，本节将对企业创新选择进行研究。

7.4.1 模型设定

根据第四章关于企业创新的微观机制分析，可以将企业创新选择看作是满足企业创新条件的分段函数：当满足创新条件企业选择开展创新活动，当不满足创新条件企业选择继续重复简单生产，成为非创新企业，因此可以表示为：

$$\begin{aligned} \pi_1(Z_{it},\ X_{it}) > 0 \quad CX_{it} = 1 \\ \pi_1(Z_{it},\ X_{it}) < 0 \quad CX_{it} = 0 \end{aligned} \tag{7-9}$$

其中，CX_{it}为i企业在t时期的企业创新选择。企业创新的条件为企业进行创新后的预期收入大于为创新投入的成本，借鉴赵伟等（2006）的做法，认为创新投入的成本包括两个部分，即为创新投入的本期沉没成本和上一期的创新选择的成本之和①，即：

$$C_{it} = c_{it} + S(CX_{i(t-1)}) \tag{7-10}$$

其中，C_{it}为创新成本，c_{it}为本期的沉没成本，S（$CX_{i(t-1)}$）是关于前一期

① 赵伟，古广东，何元庆. 外向FDI与中国技术进步：机理分析与尝试性实证［J］. 管理世界，2006（7）.

创新选择的成本函数。因为创新是有风险的，前一期的创新选择和投入很大程度上对本期的创新选择有影响，因此将前一期的创新选择成本纳入本期的创新成本中。因此企业创新的估计模型可以写作：

$$CX_{it} = c + \alpha X_{it} + \beta Z_{it} + \gamma CX_{i(t-1)} + \varepsilon_{it} \quad (7-11)$$

其中，C 为常数，X_{it}是对企业创新选择构成影响的企业本身的因素，包括企业生产率、企业所有制、企业规模、出口、企业存在年份和投入产出能力，Z_{it}是对创新选择构成影响的外部控制变量，包括企业所在区域、行业及年份。为了消除当期的共时性而产生内生性问题，参考赖明勇等（2005）的做法，对来自企业本身的因素做滞后一期处理①，并参考 Cole（2010）的做法，将前一期的企业生产率与前一期的创新选择交互项引入模型，等于将前一期创新选择的结果对当期的企业生产率的影响纳入模型②，因此，最终将模型定义为企业做出创新选择的概率模型：

$$P(CX_{it} = 1 | X_{i(t-1)}, Z_{it}) = \varphi(c + \alpha X_{i(t-1)} + \beta Z_{it} + \gamma CX_{i(t-1)} + \lambda CX_{i(t-1)} A_{i(t-1)} + \varepsilon_{it}) \quad (7-12)$$

其中，φ 是概率密度函数，$A_{i(t-1)}$为企业 i 于 t 期的企业生产率。

7.4.2　数据来源于数据处理

数据来自 1998—2013 年中国工业企业数据库，采用 6.2.2 中的初步筛选结果，保持与前文的一致性，并由于创新选择的特殊性，筛选掉新进入第一年的数据与退出前一年的数据，留下留存在市场内部持续经营，研究具备创新先决条件的企业。

关于模型内各变量的数据选取与解释如下：企业创新选择 *CX* 是企业选择创新还是选择不创新的变量，等于 1 时为选择创新，等于 0 时是选择不创新；企业生产率 *A* 是企业层面的生产率水平，根据前文关于全要素生产率的计算得到；出口 *EX* 反映企业是不是更容易接收到国外技术的影响，等于 1 时为企业有出口，等于 0 时是企业没有出口；企业规模 *SIZE* 是考察企业是否有能力进行创新选择，用工业增加值表示；平均人力资本 *W* 是企业内职工创新能力的反映，用职工所有收入与企业就业人数比值来表示，其中职工所有收入包括应付福利费用、应付工资和各种保险和教育培训费用；企业存在年份 *AGE* 是企业存在于市场内的时长，刚进入市场和马上要退出市场的企业没有进行创新选

① 赖明勇，包群，彭水军. 外商直接投资与技术外溢：基于吸收能力的研究［J］. 经济研究，2005（8）.

② Matthew A. Cole，Robert J. R. Elliott，Supreeya Virakul. Firm Heterogeneity，Origin of Ownership and Export Participation［J］. The World Economy，2010（2）：1231-1467.

择的能力，而持续在市场内竞争的企业具有创新选择的能力；投入产出能力 *MID* 反映企业盈利水平，为中间投入与工业增加值的比值加 1；年份、省份和行业采用数据库内的代码表示。

7.4.3 企业创新选择的实证分析

在对各变量的相关性检验后，由于企业规模与企业生产率等其他变量具有多重共线性，因此删除 *SIZE* 变量之后进行回归，表 7-9 反映的是分类型企业创新选择的 Probit 结果。

表 7-9 分类型制造业企业创新选择估计结果（1999—2013）

	国有企业	集体企业	私营企业	其他所有制企业
$CX_{i(t-1)}$	2.441	2.473	2.271	2.299
	(31.97)	(24.97)	(35.78)	(32.93)
$A_{i(t-1)}$	-0.057	0.068	0.073	0.045
	(-3.81)	(3.97)	(3.29)	(3.53)
$CX_{i(t-1)}{}^{*}A_{i(t-1)}$	0.155	0.105	0.107	—
	(2.78)	(2.71)	(2.97)	—
$EX_{i(t-1)}$	0.218	0.197	0.173	—
	(7.01)	(5.92)	(6.99)	—
$\ln W_{i(t-1)}$	0.145	0.093	0.117	0.105
	(4.57)	(4.32)	(3.58)	(4.69)
$\ln MID_{i(t-1)}$	0.141	0.113	0.153	0.107
	(4.89)	(4.91)	(4.36)	(4.88)
$\ln AGE_{i(t-1)}$	0.041	0.025	0.067	—
	(3.34)	(3.67)	(3.82)	—
常数项	-11.121	-3.209	-2.509	-4.194
	(12.03)	(-2.88)	(-10.99)	(-6.67)
R^2	0.698	0.549	0.582	0.519
似然值	-3872.91	-2928.01	-6172.53	-5762.31
卡方	9982.15	13142.87	8798.39	9932.31
P	0.000	0.000	0.000	0.000

其中对企业平均人力资本、企业投入产出比例和企业存在年份取对数，其他所有制企业中包括港澳台和外资企业。根据表7-9中关于按照所有制类型划分的不同企业的做出创新选择的估计结果，可以得出以下结论：

（1）按照所有制区分的四种企业类型中，前一期的创新选择对当期的创新选择都具有积极的影响意义，且私营企业的影响最大，说明前一期进行创新选择的探索和经验累积对当期继续进行企业创新具有促进作用，因此大力鼓励企业开始创新活动，从而在创新过程中对自身企业起到促进作用，可以改善中国制造业创新比例较低的现状。

（2）根据企业生产率来看，国有企业在企业生产率降低时有创新动力，而其他三种类型在企业生产率提高时更有创新动力，尤其是私营企业随着企业生产率提升，更有动力进行创新活动。企业生产率和前一期创新选择的交互项可以看出，前一期进行创新并且企业生产率得到提高，除其他所有制企业外，对当期的企业选择创新具有一致的推动作用，当企业的创新成果显现并带动生产率提高时，企业会持续性地再次进行创新选择。

（3）根据出口是否能接触到更多外在技术时，除外资和港澳台企业外，国有企业、集体企业和民营企业如果有出口行为，更容易做出企业创新的选择。因为企业出口可以接触到更多的先进技术和国外市场，企业开始有动力提升改善自身的生产技术水平，而对于外资和港澳台企业而言，本身就方便接触到先进技术和国外市场，因而创新选择对出口反应并不显著。

（4）根据平均人力资本结果来看，因为人力资本的提升职工受到激励，或吸引更多高水平人才的加入，企业平均人力资本的上升有助于企业做出创新选择；企业投入产出的提升，意味着企业的利润空间扩大，四种类型的企业都更倾向于做出创新选择；对于企业存在年份，由于其他所有制企业本身在其他国家或其他时长已经累积较为丰富的经验，经历过了长期的竞争，因此企业的存在年份对企业的创新选择没有显著影响。

综上所述，本章的研究结论如下：

（1）根据边际产出与边际成本的偏离程度衡量中国制造业的要素市场扭曲程度，得出几乎所有企业都面临着要素市场的扭曲现状，尤其对企业按照所有制程度分类发现国有企业面临的要素市场扭曲现状要低于其他类型企业所面临的扭曲程度，资本扭曲和劳动力扭曲分别为0.67和3.10。

（2）要素市场扭曲对全要素生产率影响的实证研究表明，在整个样本期内，资本扭曲引起了全要素生产率降低5.5%，劳动力扭曲引起了全要素生产率降低2.6%。在企业按照所有制程度分类时，发现国有企业资本扭曲引起了全要素生产率降低1.77%，劳动力扭曲引起了全要素生产率降低0.55%；其他类型企业资本扭曲引起了全要素生产率降低3.44%，劳动力扭曲引起了全要素生产率降低1.97%。如果要素市场扭曲得以消除，那么资源再配置导致的损失程度为0，全要素生产率就得到提升。

（3）创新对加总的全要素生产率的分解结果显示，全要素生产率的变动主要来自企业自身生产率的不断提升，由于中国制造业内创新企业比率较低，以创新产出衡量的创新企业与非创新企业之间的要素再配置的影响程度低于企业自身提升生产率。全要素生产率年平均增长率的4.38%中，4.04%来自企业自身生产率提升，0.34%来自企业间的要素再配置效率提升。

（4）关于企业在何种情况下做出创新选择的实证研究中，在企业预期收益大于创新成本时，企业会做出创新选择，否则企业选择不去创新。通过实证研究结果表明：前一期通过创新活动取得经验累积和生产率提升，对企业持续性地开展创新具有重要意义，因此应鼓励企业做出开展创新的选择，来改善中国制造业创新比例较低的现状；通过对企业所有制进行分类发现，国有企业较于其他类型企业创新选择更加被动，表现在生产率下降时往往会做出创新选择。

7.5 小　结

本章在第三章建立的理论分析框架和第四章的运行机理的基础上，对中国制造业面临的要素市场扭曲进行测度，并从所有制、省市之间进行要素市场扭曲程度的对比分析，在此基础上考察要素市场扭曲对全要素生产率的影响，并从要素市场扭曲程度改善的情况，计算全要素生产率的增长空间。同时从另一角度分析企业创新对提升加总的全要素生产率的意义和作用，从分解的角度，考察企业创新的市场结构变化和全要素生产率的提升渠道，并在此基础上考察企业如何在具备创新能力的前提下，做出对未来创新结果的衡量，并做出合理的创新选择。本章既是对第六章实证的延续，又是单独对要素市场扭曲与企业创新分别造成全要素生产率变动的检验，也是对企业创新的理性选择研究，并在此基础上，为能够提出针对性强、切实有效的提升全要素生产率措施提供实证基础。

第8章　政策建议

本章根据前文对中国现阶段的全要素生产率提升的关键因素和途径进行测算，提出政策建议，可以概括为以下四个方面。

8.1　经济持续发展的关键在于提高全要素生产率

中国经济增长速度放缓，人口红利与制度变迁对经济的影响日趋减弱，而同时暴露的资源、环境、就业、经济结构、增长方式等一系列问题逐步凸显，充分表明了以往的增长形态难以为继。学术界对于目前现状的普遍研究结论认为：根据以往的经济发展经验，当实际产出小于潜在产出时，通过刺激需求的经济发展策略，可以有效地使得实际产出提升并无限靠近潜在产出水平，但从长期来看，并没有提高潜在产出水平。对于经济要取得长期发展时，仍然依靠继续扩大对基础设施投资，依靠政府力量压低生产要素价格、扩张的货币政策，最终会导致经济结构与区域发展失衡，财务杠杆和金融泡沫持续加剧，甚至引发经济发展困局等更棘手的问题，而获得经济长期持续的增长唯有尽快提高整体的全要素生产率水平。

8.1.1　优化经济增长模式

经济获得持续增长，尤其是潜在产出水平的提高，是所有经济体的发展目标。要达到这一目标既是要求要素配置效率提升、生产技术水平提高，也就是获得全要素生产率的提升。

而根据现有研究的测算，无论采用何种方法和数据，全要素生产率提升都不是增长的首要力量，而是要素投入的持续增加。随着人口红利的消失和资源的获得难度增加，提高全要素生产率以促进经济增长是最紧迫和唯一的途径。

自20世纪90年代末以来，中国的全要素生产率逐步提高，但在2008年之后，出现了相当程度的放缓和停滞，对经济增长的贡献大幅下降。在当前经济下行压力增加、亟待提升全要素生产率的背景下，提出“供给侧改革”，“突出长期发展与短期增长的结合政策”，是必然选择也是最优决策。从本书增长空间与损失的测算可知，中国全要素生产率都具有巨大的增长空间，需要尽快提升生产要素的再配置效率，并从创新与技术进步、体制改善中获得更高的效率提升，实现全要素生产率支撑型的经济增长模式转变。

根据前文对样本期内全要素生产率的理论分析和测算，中国整体全要素生产率水平偏低，而随着经济进一步发展、经济总量的扩大，经济发展模式和增长质量亟待提高。转换以往不适应中国经济持续增长的财政收支制度和政府政绩考核目标，而以全要素生产率水平的提升作为衡量经济发展状况的指标，充分考虑环境资源在内的所有要素投入总量与经济产出之间的关系，使经济增长模式由只盯住规模和总量数据的变化转变为经济增长模式和质量的提高。充分认识2008年以后中国经济发展的新常态增长轨迹，为获得中国经济的持续增长动力，就要转变中国经济的增长模式：重视全要素生产率的提升与生产资源的使用效率，协调宏观经济发展的稳定和质量，改善不合理的生产要素配置格局，均衡生态环境与经济发展的可持续关系。

8.1.2 协调区域发展政策

本书对全要素生产率的测算中，在样本期内省市区域之间具有大致相同的全要素生产率增长态势，但由于各区域的要素禀赋、创新水平、经济增长特点各不相同，全要素生产率增长的侧重和特征差异化明显。统筹协调不同区域内的全要素生产率增长，对于整个经济体而言具有重要意义。

从全要素生产率的区域对比可知，样本期内全要素生产率的东部提升最多，西部最少。从增长速度对比可知，西部全要素增长率的增长速度明显提升，但西部内部呈分化态势，部分区域表现出明显的追赶态势，而部分地区无论增长幅度还是增长率都保持在较低状态。是否被锁定在生产水平底端还需要更多的数据证实，而政策扶持是否能带来长期的生产率水平提升，是否能改变地区的经济落后面貌也有待于进一步验证。鉴于东部主要省市的全要素生产率水平较高，应继续发挥其带动优势，加大树立其示范形象，进一步提高要素再配置效率，促进生产资源的流动与配置，更新企业生产技术、加快核心关键领域技术的更新换代，持续将其内在优势和经济特色转化为生产率水平的提高，引导劳动密集型产业向中部和西部区域进行有计划的转移。

同时，对于仅次于东部较高全要素生产率发展水平的中部区域而言，应着力于全要素生产率增长的追赶战略制定与实施，减小与发展水平较高的优势区域的发展差异，努力增进与优势区域的企业合作关系与各方面的交流沟通，学习优势区域的先进经验、吸取经济增长过程中的历史教训，使自身更好地接受优势区域的辐射带动作用。结合区域发展特色和要素禀赋，有效利用市场机制，加强与优势区域的分工协作关系。在交流和合作中，不断改善自身的生产率水平。

同时对于全要素生产率水平较低的西部区域来说，对比分析全要素生产率增长乏力的原因和特点，一方面，应结合差异化的要素禀赋条件，科学合理并且有计划地开发利用丰富的自然环境与能源资源，充分考虑生态环境与污染治理成本，在逐步发挥其自身优势的同时，提高能源要素的使用效率，发挥稀缺要素的引领作用，在提升全要素生产率时注重与环境的协调一致发展。另一方面，应正视全要素生产率增长缓慢的原因和背景，对薄弱的经济基础环境与相对滞后的生产技术水平提出更高的要求。在结合优势区域的发展经验时，避免机械化地模仿和照搬，避免重复建设和接受落后或高污染技术，而应结合自身区域的经济发展条件和背景，主动有效地与当前的企业需求相结合，寻找提升全要素生产率的途径和工具。重视自身的土地、能源和劳动力优势，合理吸引高技术人才和生产资源，逐步缩小区域间全要素生产率差异，实现各区域生产率水平的协调发展。

8.2　提高全要素生产率的重点在于企业创新

纵观人类经济发展历程，从偶发性的技术创新带动经济发展，到有计划、有目的的研发创新，持续推动经济的持续增长，充分说明创新及技术提升是经济增长的持久力量。根据经济发展理论与现实经济发展的历史经验，已经知道创新是企业发展的灵魂，是经济增长的动力，是提高全要素生产率的关键。而企业作为市场的主体和创新的微观经济细胞，引导并支持企业创新的必要性和重要程度不言而喻。

8.2.1　营造良好创新氛围

对于企业能否做出进行创新的选择，取决于其对创新预期收益的判断，同时由于创新风险高、周期长、外部效应等特性，虽然政府号召大众创业、万众创新，但如何克服市场失灵并激励企业选择创新始终是个难题。面对目前创新企业占比低、研发投入不稳定、国有企业被动创新的现状，需要政府和市场两个层面营造良好的创新氛围来激励企业进行有效合理的企业创新。

从政府对于营造良好的企业创新政策环境和氛围的角度来说，一方面，应继续加大力度鼓励企业创新，从创新公司的信贷担保到大力推广风险投资，从增加创新公司的税收优惠到政策补贴，提高企业创新动力和积极性，并同时完善市场经济体制对创新企业的积极作用机制，随着创新企业动力增加、比例提高，生产资源更多地流向创新部门，随之提升整体的生产率水平；另一方面，政府应加快完善促进企业创新的财政税收政策、经济政策与金融支持政策等，并对各种促进企业创新的政策之间注重政策效应的连续性和协调性。同时，避免政府干预对企业创新的不合理影响和决策，避免企业创新的政策性和行政属性，对企业创新营造良好的宏观政策环境与保障体系，但不过度干涉企业创新的方向和细节，不代替企业感受市场需求和企业创新决策利弊。整合现有的创新激励政策及制度体系，发挥政府引导激励企业创新的最大合力。

从市场角度营造企业创新的良好氛围的角度来看，结合本书的研究结论，即中国的市场机制在企业创新和全要素生产率的增长过程当中，并没有完全发挥其市场调节与优胜劣汰的作用，甚至在很多领域产生负效应，也从侧面反映出市场化机制的建立和完善对于企业创新与全要素生产率的重要性。中国当前对于企业创新的激励手段中，政策和行政激励较普遍也更明显，而政府公开的赞扬和肯定虽然认可企业创新过程中付出的艰苦卓绝的努力和创新者的科研水准，但对企业创新真正产生激励的动因来自市场化的激励。企业通过对创新成本与创新收益的衡量做出是否进行创新的决策，因此应完善市场机制的调节和配置作用，发挥市场行为本身的激励机制，保证市场内供求关系与均衡价格的形成，市场内合理的风险和收益，市场中有效的优胜劣汰机制，各司其职、共同作用，减弱政府对企业创新的直接干预，促进企业创新的高效率开展。

8.2.2 确立企业创新主体

将企业作为创新的主体，要通过建立研发中心、产学研结合、引进利用国内外先进技术与自主创新相结合，更要加强产权保护政策、确保创新企业投资收益与风险补偿、提高积极性，同时还要发挥民营企业、中小企业的创新引领作用，带动整个经济体增强企业创新的主动性。

将企业作为创新的主体，要推动企业创新的质量和水平的提高。正视当前企业创新活动的水平和发展现状，尽管创新投入逐年增加，创新成果不断扩大，但中国相比世界发达国家水平仍有不小的差距，企业创新成果与质量绝大多数有待提升，创新投入与创新产出之间比例不协调。从中国企业创新特色来看，当前的企业创新具有较强的行政导向色彩。而政府应放弃对企业创新的过于细致的管理，转而研究企业创新的制度保障体系，做好企业创新的监督与服务体系，把焦点放在由企业主导的创新行为和创新活动上，关注企业在创新中的主体地位培养，从企业创新技术研发、创新过程与创新产品生产销售环节上，避免创新决策与创新行为与市场脱节，与企业实际需求脱节，改善社会整体科研成果的实际市场利用程度，确保企业创新的主导作用与主体身份。

将企业作为创新的主体，应加强企业的创新能力培养，使得企业能够洞悉市场需求与自身生产能力的差距，并能积极有效地弥补不足、开展创新，得到市场认可从而获得超额利润。在这一过程中，要求企业要具备对市场信息的搜索与筛选能力，参与企业创新的实力，能与其他市场主体进行竞争的能力，能够有效开展创新活动的技术能力和人员储备。除此以外，企业创新成功并被市场认可的过程是复杂、高难度并且跨越较长时期的过程，在此过程中，需要企业具备对内部资源的调动和外部资源争取的能力，集合各种生产技术与人员并进行整合的能力，并且在此过程中需要承受巨大的压力和风险。因此将企业作为创新的主体，应加强企业整体能力的提升和培养。

8.3 提高全要素生产率的难点在于加快生产要素的市场化改革进程

中国要素市场相对产品市场改革滞后，是中国目前企业间生产要素的配置效率低下，要素市场扭曲的直接原因。随着后来者优势逐渐消失，加之创新水平不可能在一夜之间取得突破，而是需要长期付出艰苦卓绝的努力，所以加速要素市场化改革进程对提升全要素生产率水平来说更为关键。根据本书的分析，要素市场扭曲不仅降低了企业的生产率，而且扭曲了企业的进出决策，企业的创新选择，进一步扩大了全要素生产率的损失。因此，加快要素的市场化改革进程是提高全要素生产率的重中之重。

8.3.1 加强政府管理能力

根据中国要素市场的形成机制来看，中国要素市场与经济制度安排密不可分，与政府决策的联系性非常紧密，且根据前文对要素市场扭曲程度的测算，要素市场扭曲现状在区域之间、不同企业性质之间呈现出不同的性状特点，具有一定的复杂性和差异性。因此，中国要素市场扭曲改善和市场改革深化，应主要从政府决策能力与跨区域管理水平上加强政府管理能力提升。

其一是政府的决策能力的提升。由于要素市场扭曲现状下，企业所有制差异与区域差异都与政府决策相关，政府或经济发展战略主导下的生产要素实际配置情况与无扭曲的初始经济体中的最优生产要素配置情况脱离，缺少市场机制与市场需求主体的有效参与。而政府管理现阶段主要集中在直接给企业或项目进行拨付，对竞争性领域的政策补贴或税收优惠上，无法满足市场主体对要素市场扭曲现状的有效改善的需求，也无法给市场机制充分发挥其主导作用提供更广泛空间。政府在着力发展经济，提升经济增速的同时，应注重制度设计与制度安排所涉及的具体对象与实施后果，尽量采取在不干涉市场机制作用的前提下，弥补市场功能的不完善性的辅助与服务态度，充分考虑差异性的政策与有侧重的管理措施对市场主体的宏观影响，更要考虑到对每一个类型市场主体与区域之间的积极性与效率影响。鉴于全要素生产率的所有制差异，政府应继续深化对体制内企业的深度改革进程，建设公平公正合理竞争的市场环境，提高生产要素在整个企业类型之间，无障碍自由地流动和配置，尊重市场优胜劣汰的竞争秩序，减少对企业进入与退出的过多干涉，减少对部门生产率较低但仍勉强维持经营的体制内企业的持续补贴。

其二是政府的跨区域管理能力的提升。根据前文对全要素生产率的分解加总研究与跨区域分析，可以看出各级政府之间、企业之间、区域之间存在较明显的市场分割特色与市场壁垒问题。各个区域之间各自为政，只专注于自身区域当前经济发展水平与眼前经济收益，对全局性、长期性的市场秩序优化与经济发展战略缺乏整体眼光。而针对当前的要素市场扭曲的特征，需要建立区域之间的跨区域协同管理体系：探索跨区域之间、各级政府之间、市场主体之间、要素市场之间、产品市场之间多种形式的合作与沟通，提供无障碍要素流通的、协同共同发展的交流平台，整合跨区域之间利益协调、合作共赢的发展机制，结合各区域的自身利益建立符合整体利益的规划战略，解决区域之间资源流通、生态环境保护、市场化体制健全的重要问题。

8.3.2 推进大市场建设

打破市场地域分割与要素流通障碍，探索建立全国统一的自由流通大市场，是推进要素市场改革进程、有效发挥市场机制的主导性配置作用的重要一步，对改善当前的要素市场扭曲现状具有重要意义。

推进全国统一的大市场建设的前提是加快跨区域的市场一体化建设之路。发挥当前已形成的区域经济发展核心地带的带动与辐射作用，比如长江中游经济带湘鄂赣三地市场流通程度高，包括要素市场在内的大市场机制越来越多地发挥配置功效，拓展三地位处长江中游的地理优势，畅通其连接东西、贯彻南北的流通渠道，逐步增大其影响力和带动区域范围，为全国性统一的大市场建设提供先行示范和经验启示。

区域之间流通障碍、要素市场之间关联性差、行政区划明显，都阻碍了全国统一的大市场建设的进程，资本、劳动力、能源与土地难以超越局部地方利益，难以在更大的范围内，发挥比较优势来达到整体经济效益的提升。加快大市场建设进程，对政府的管理能力提出更高要求，相应对区域内部、区域之间的多重矛盾和目标不一致性提出了挑战：在政府管理的过程中，逐步减少当前政策性障碍对要素市场配置效率构成的阻碍，弱化各级政府对内的保护意识与对外的排他意识，建立更大范围内的要素市场流通体系，综合更大容量的生产资料、人力资本、生产技术、市场信息的统一市场，加强区域内部与区域之间，直到全国性统一的大市场内所有要素的紧密联系。

8.3.3　重视核心要素市场改革

尽管要素市场扭曲涉及范围广泛、要素市场改革进程内涵众多，但最根本目的是要建成有序有效的市场环境，减少来自各方面对要素配置的干涉和控制。根据本书的研究内容，即使得企业间的生产要素再配置机制以企业需求为根本，不以企业所面临的要素市场扭曲程度为标准；使得企业进入与退出以企业面对的生产率临界值与利润为根本，不以是否收到政府和金融部门财政补贴或金融支持为标准；使得企业创新选择以创新预期收益与创新成本测算为标准，不以创新补贴或被动创新为标准。充分发挥市场机制，而政府不应为过剩行业和企业继续输血，扭曲投入成本进行生产，而是应着力于生活保障与制度环境保障。

具体涉及要素市场中最主要的两个生产要素资本和劳动力要素的市场化改革如下：对于加快资本要素的市场化改革进程，一是要加快金融部门的市场化改革，降低针对企业所有制的信贷歧视，二是要引入更多的非国有金融部门，培养金融部门的竞争意识，三是要拓宽融资渠道。其中，金融机构仍表现出超越市场的信贷歧视，一方面与非国有企业普遍规模小、风险大且缺乏担保有关，另一方面也与金融机构或政府部门对国有企业有意识的金融偏好有关。随着信用识别技术的逐步发展，信息披露制度不断改善，保障制度和风险投资制度的建立，并引入更多的非国有成分进入金融部门。同时，重视目前企业从金融机构、民间机构与直接融资渠道的局限和困难，引入多样化的融资方式，拓宽融资渠道。

对于加快劳动力市场化改革进程，一是增加劳动力流动性，不断减少阻碍劳动力流动的户籍制度的负面影响，通过建立健全工会体系、提高生产安全保障、提供完善生活保障等方面促进劳动力流动；二是要完善劳动力市场机制，在加强监管的前提下发挥劳动中介的作用，扩大用人信息记录与公开并完善企业用人制度；三是要重视对企业职工、失业人员、在校学生的职业教育，提高经济体内整体的劳动力价值。

8.4 提高全要素生产率的前提在于引导产业结构的转换

目前现行的产业政策多数表现出政府政策对市场机制的替代性和较强的管制性，通过细致且广泛的直接干预，成为资本要素和劳动力的扭曲现状的潜在因素，因此，引导产业结构升级，减少不适宜产业政策对结构优化升级的干扰是提高全要素生产率的前提。在制定引导结构升级转换的进程中，制定产业政策的原则有：以维护公平竞争的市场环境为目标，减少差别性的保护政策，促进企业正常进入与退出市场。

8.4.1 统筹产业布局

由于针对不同产业和不同区域有着各自的禀赋优势与发展特点，应正视自身的要素禀赋优势与劣势，着眼于壮大优势产业、发挥比较优势，减少要素配置流通费用并形成产业集聚态势，以优化产业布局来带动全要素生产率提升。在统筹产业布局过程中，应当注重对自身经济发展条件与背景的调查分析与规划设计，以有层次有步骤的规划整体产业布局的原则对全国范围内的产业结构转型给出建议，依托国家财政支持项目、科研项目与基础设施建设项目，综合考虑产业布局的结构调整，引导市场资源合理布局，优化产业结构。

顺应经济转型的新阶段特征，努力向全要素生产率支撑型的经济发展模式转变，带动产业结构的优化提升。要发挥市场机制，改变以往地方保护主义盛行的作风，促进生产要素流动性增强，相信市场选择，维护竞争充分的市场环境。同时，减少对产业结构调整的政府直接介入，减少政府通过直接投资、政府购买等手段对产业经济发展造成扰动，不以所有制、规模、地区为标准，区别对待企业，减少差异化的政策推行。而需要政府出台产业政策引导产业结构升级时，加强政策出台前的调研、出台后的执行监管、执行结果的事后评价和问责；同时加强产业重点发展和产业布局的调研和设计，结合各地区统筹规划资源特征，发挥各地区的资源优势，推动产业结构转换。保持政府与市场二者之间的良好协作关系，发挥市场的决定性作用。

8. 4. 2　改善产业结构

根据本书的研究对象，针对引导产业结构升级的政策研究，重点针对制造业的产业结构改善进行分析。由于制造业在第二产业中占据最大比重，因此研究制造业产业结构调整与改善对整个工业产业甚至国家产业布局具有重要意义。

在制造业中，根据生产要素投入的密集程度来看，石油化工、石油原料等化学用品制造业，黑色金属、有色金属及金属制品业为代表的资本要素投入密集型产业，与纺织服装、皮革鞋帽制造业，木材家具制造业为代表的劳动要素投入密集型产业，消耗了大量的物质资本和人力资本，而行业整体生产率水平低下，创新能力薄弱，对环境负面影响大。而技术密集型产业一方面注重企业创新的带动引领作用，另一方面普遍具有较高的全要素生产率水平。因此，在改善产业结构布局时，应有计划有步骤地减少传统大量消耗生产要素并维持较低生产率水平运行的产业，适时减少其在制造业中所占比重，进一步促进技术性引领产业和具有较高生产率水平的产业成为制造业的支柱型产业。

8.5　小　结

我国的全要素生产率水平低下，如何在要素市场配置效率低下的环境下提升全要素生产率水平，尤其对于创新动力不足的企业主体而言至关重要。而提升全要素生产率水平应转变当前高消耗、高增长的增长模式，根据国内不同经济领域与区域特色，统筹协调全区域的全要素生产率增长特征并制定提升策略。全面提升全要素生产率的重点在于作为市场主体的企业创新能力的提升，难点在于持续推进要素市场的改革进程，建立运转良好的统一市场秩序，前提在于引导产业结构的转型升级，从产业布局和产业结构优化的角度引导市场资源合理布局。

第 9 章　研究结论与研究展望

全要素生产率是对探求和解读中国经济问题的重要研究视角，其提升和改善取决于两个方面的因素，一是要素市场扭曲改善，二是企业创新推动。本书从企业异质性的前提出发，构建涵盖要素市场扭曲与企业创新的统一框架，以微观机理和宏观分析相结合的手段，研究全要素生产率的提升途径与损失原因，并在此基础上，从要素市场扭曲与企业创新角度入手，解决动态环境、企业自身生产率水平、加总层面生产率、再配置效率、创新选择等现实问题，对理论观点和研究框架进行实证检验和分析应用。

这一章将对本书的主要研究结论进行归纳，并在研究结论的基础上发掘其蕴藏的政策启示，然后针对本书的局限性提出未来研究的发展方向。

9.1　研究结论

本书以中国经济的现实问题为出发点，以要素市场扭曲与企业创新两方面的研究文献为基础，建立统一的、个体和整体相结合的研究框架，采用理论与实证相结合的手段，探求可能的增长途径和增长空间，研究得到的主要结论如下：

（1）通过构建在垄断竞争市场上的异质性企业的理论框架，考虑企业处于不断进入与退出的动态环境、企业间的要素市场扭曲、企业创新分别对全要素生产率的变化造成影响。对于要素市场扭曲而言，扭曲不仅导致全要素生产率降低，还会干扰企业进入与退出，当扭曲是类似税收型时，企业必须提高生产率，否则面临退出；当扭曲是类似补贴型时，企业维持低生产率就可留在市场内。而对于企业创新而言，通过抬高生产率临界水平，使不满足条件的企业退出市场，通过生产资料的转移使创新类企业数量增加，进而更加抬高生产率临界值。

(2) 关于要素市场扭曲、企业创新与全要素生产率得到以下结论：首先，要素市场扭曲降低了全要素生产率的提升空间，企业创新可以抬高加总水平和生产率临界水平。其次，要素市场扭曲对于企业创新而言具有两个方面的副作用，使某些企业被迫开始创新，也使得某些企业被迫放弃创新，真正具有创新能力和动力的企业数量减少。再次，企业做出决定创新的选择是对预期创新收益的判断。最后，要素市场扭曲本身，与扭曲使得企业创新意愿降低，都不利于加总的全要素生产率的提升。

(3) 研究要素市场扭曲、企业创新与全要素生产率，首先需要根据中国现实情况，把握三者的特征研究。关于要素市场扭曲，从要素市场中最主要的四种生产资源入手，分析扭曲现状，分阶段归纳时代发展脉络，认为扭曲现状伴随着经济政策实施，具有鲜明的时代特征。关于中国企业创新，通过考察企业创新发展特征，研究中国企业创新与经济发展水平的关系，认为国有企业创新与非国有企业创新在创新中存在互补态势，模仿与自主创新模式共存。关于全要素生产率，通过定性地分析影响因素，与金砖五国的全要素生产率变动比较，并结合发达经济体的经验，认为中国目前全要素生产率处于较低水平，且后续提升动力乏力。

(4) 通过对中国制造业的全要素生产率进行加总和分解，结果表明：在样本期内中国制造业的全要素生产率保持稳步上升，年均达到2.93%，其中1.65%来自企业自身技术水平的变化带来的生产率的提升，1.25%来自企业间的生产要素在配置效率的改变，其中，0.75%来自资本配置效率，0.50%来自劳动配置效率，企业进入与退出综合后得到的净收益只占了0.02%，甚至在样本期间多数出现了负值。说明市场规律并没有发挥其运行机制。根据加总和分解结果，通过在不同经营特征、要素密集度、垄断程度的行业之间，不同区域之间，不同国家之间的实证结果，进行三个层次的比较分析，了解中国全要素生产率在各种维度和范围上的增长特点和增长空间。

(5) 在理论模型的基础上，进一步对要素市场扭曲、企业创新和全要素生产率进行实证分析。根据边际产出与边际成本的偏离程度衡量中国制造业的要素市场扭曲程度，其中国有企业资本扭曲和劳动力扭曲分别为0.67和3.10，非国有企业资本扭曲和劳动力扭曲分别为0.71和4.30。在整个样本期内，资本扭曲引起了全要素生产率年均降低5.6%，劳动力扭曲引起了全要素生产率年均降低2.5%。其中，国有企业资本和劳动力扭曲引起了全要素生产率分别降低1.77%和0.55%，其他类型企业资本和劳动力扭曲引起了全要素生产率分别降低3.44%和1.97%。如果资本和劳动力再配置效率改善一个单位，全要素生产率能提高8.1%。关于对理论模型的进一步检验发现，在中国制造业分为创新型企业和非创新型企业的前提下，全要素生产率年均增长的2.93%中，2.70%来自企业自身，0.23%来自企业间配置效率提升，创新企业数量较少，影响了制造业加总的全要素生产率的提高；企业选择成为创新型企业或非创新型企业取决于企业预期收益与创新成本的衡量，实证结果表明：前一期通过创新活动取得经验累积和生产率提升，对企业持续性地开展创新具有重要意义，国有企业倾向于在生产率下降时往往会做出创新选择，较于其他类型企业创新选择更加被动。

9.2 研究展望

本书构建统一的研究框架，分析了要素市场扭曲和企业创新对全要素生产率的微观影响机制，并通过大样本的实证分析，试图为现阶段中国经济的提升与发展，增加理论研究和数据支持。但由于本人学术水平与资料数据的局限，本书存在很多不足之处和改进空间，在今后的研究中，将从以下方向进行可能的探索和深入：

（1）本书的加总分解的实证研究，根据微观运行机制区分了损失的渠道，虽然通过分解推算要素市场扭曲、企业创新、企业进入与退出对全要素生产率变化所起到的作用，但这种分析并不直接，而是间接的衡量。如何对被迫退出企业、被迫退出研发企业与被动创新企业的准确识别和数据测算是难点，应在本书的估算基础上，采用新的方法补充新的数据，模拟这几个方面对全要素生产率的具体影响。

（2）本书对生产要素的扭曲研究仅限于资本和劳动力，其他如土地、能源、中间投入等都可以考虑在内，尤其土地要素是扭曲现状当中最严重的问题之一，对于中国人均土地资源稀缺的现实情况，加入土地要素的研究很有现实意义。而随着中国对外开放程度加深，外部因素比如企业出口或国外的经济政策、产业政策，也会对国内的要素市场扭曲构成影响，在今后的研究中可以尝试将其纳入研究框架。

（3）在对创新企业与非创新企业区分的标准中，现有研究多采取研究开发费用和新产品产值，其中研究开发费用可以反映创新的投入，新产品产值可以直接反映创新的结果，但创新的范围不局限于创新投入和创新产出，而体现在企业经营的各个层面，而采用这两类数据对企业是否存在创新进行区分会将企业的创新范围缩小。而综观企业无论采取哪种创新方式和创新类别，究其根本都在于对人的创新能力的提高，职工的创新意识的增强，因此未来可以采用职工教育费用尺度作为标准区分创新企业与非创新企业。

（4）本书根据国家统计局发布的中国工业企业数据库为基础进行后续的理论检验与实证研究，但2013年之后的数据没有得到，使得本书理论研究的现实数据支持较为陈旧。随着2013年之后产业政策出现变化，产业结构调整、要素市场扭曲现状是否得到改善，对本书形成结论是否会存在影响，会在今后根据更新的数据继续进行跟进考察。另外，在本书根据不同权重、实证方法进行测算时，为了提高全要素生产率估计的稳健性和准确度，发现角度与方法对估算结果造成一定程度的差异，并对不同的企业形式和数据特征进行了尝试性的分析，但对不同测算口径、不同实证方法背后的差异与理论机制仍然值得进一步研究。

参考文献

[1] Peter J. Klenow, A. Rodriguez-Clare. The Neoclassical Revival in Growth Economics: Has It Gone Too Far [J]. NBER Macroeconomics Annual, 1997 (12).

[2] Robert E. Hall , Charles I. Jones. Why do Some Countries Produce So Much More Output Per Worker than Others [J]. The Quarterly Journal of Economics, 1999 (2): 83-116.

[3] Accounting for Cross-Country Income Differences [M]. F. Caselli, 2005.

[4] Chang-Tai Hsieh, Peter J. K. Klenow. Development Accounting [J]. American Economic Journal, 2010 (1): 207-230.

[5] 蔡昉. 中国经济增长如何转向全要素生产率驱动型 [J]. 中国社会科学, 2013 (1).

[6] 聂辉华, 贾瑞雪. 中国制造业企业生产率与资源误置 [J]. 世界经济, 2011 (7).

[7] 亚当·斯密. 国富论 [M]. 北京: 商务印书馆, 1972.

[8] Comin, D. Hobija. An exploration of technology diffusion [J]. The American Economic Riview, 2010 (5): 2031-2059.

[9] Restuccia, D. Rogerson, Policy distortions and aggregate productivity with heterogeneous establishments [J]. Review of Economic Dynamics, 2008 (11): 707-720.

[10] Melitz M. J, Ottaviano G. I. P. Market size, Trade, Procuctivity [J]. Review of Economic Studies, 2008 (1): 295-316.

[11] Melitz M. J. The impact of Trade on Intra-Industry Reallocation and Aggregate Industry Productivity [J]. Economitrica, 2003 (6): 1695-1725.

[12] Kugler M, Verhoogen E. The Quality Complementarity Hypothesis: Theory and Evidence from Colombia [R]. NBER Working Paper No. 14418.

[13] Baldwin J. R. Death of Canadian manifacturing Plants: Heterogeneous Re-

sponses to Changes in Tariffs and Real Exchange Rates [R]. Economics Analysis Resarch Paper Series. 11F0027M.

[14] 施炳展. 企业异质性、地理距离与中国出口产品价格的空间分布 [J]. 南方经济, 2011 (2): 61-74.

[15] 殷德生, 唐海燕, 黄腾飞. 国际贸易、企业异质性与产品质量升级 [J]. 经济研究, 2011 (2).

[16] Van Beveren I. Total factor productivity estimation: A practical review [J]. Journal of economic surveys, 2012 (1): 98-128.

[17] Olley, G. S., A. Pakes. The dynamics of productivity in the telecommunications equipment industry [J]. Econometrica, 1996 (6): 1263-1297.

[18] Ackerberg D. A., Caves K, Frazer G. Structrral Identifucation of Production Functions [R]. UCLA Working Paper, 2016.

[19] Ackerberg, Daniel, Caves. Structural identification of production functions [J]. Munich Personal REPEC Archive, 2012 (3).

[20] De Loecker J., Warzynski F. Markups and Firm level Export Status [J]. American Economic Review, 2012 (6): 2437-2471.

[21] Baily M. N., Hulten C., Campbell D. Productivity dynamecs in manufacturing plants [J]. Brookings paper on economic activity, 1992 (2): 182-267.

[22] Bartelsman E. J. Scarpetta S. Microeconomic evidence of creative destruction in industrial and developing countries [R]. Tinbergen institute discussion paper, 2004.

[23] Pierre G. Scarpetta S. Job creation in Latin America and the Caribbean: recent trends and policy challenges [R]. World Bank Publication, 2009.

[24] H Regev. The Griliches-Regev Longitudinal Panel of Israeli Manufacturing Firms (1955-1999) [M]. 2009.

[25] Nishda M, Petrin A, Polanec S. Exploring reallocation's apparent weak contribution to growth [J]. Journal of Productivity Analysis, 2014 (2): 187-210.

[26] Attanasio O P, Padoa-Schioppa F. Regional Inequalities, Migration and Mismatch in Ltaly, 1960 - 1986 [J]. Mismatchand Labour Mobility, 1991 (5): 237-320.

[27] Barnichon R, Figura A. What Drives Matching Efficiency. A tale of Composition and Dispersion [R]. Finance and Econ-imic Discussion Seriesno, 2011: 1-19.

[28] Song J, Topa G, Violante G. Measuring Mismatch in the US Labor Market [C]. 2012 Meeting Papers. Society for Economic Dynamics, 1973.

[29] Tan Ai Wei. Developing a Marketing Plan For Hertz China [D]. University of Nevada Las Vegas.

[30] Alvarez F, Shimer R. Search and Rest Unemployment [J]. Econometrica, 2011 (1): 75-122.

[31] Carrillo-Tudela, L. Visscher. Mismatch in the Labor Market: Evidence from the U. K. and the U. S [J]. International Economic Review, 2011.

[32] Nick Draper, ED Westerhout. Defined benefit pension schemes: a welfare analysis of risk sharing and labour market distortions [J]. Journal of Pension Economics & Finance, 2015 (7).

[33] F Liu, X Yi, Z Yu. Structural change in China: the role of factor market distortions [J]. Journal of Chinese Economic and Business: 2016 (1), 185-204.

[34] 赖德胜. 论劳动力市场的制度性分割 [J]. 经济科学, 1996 (6).

[35] 朱镜德. 中国三元劳动力市场格局下的两阶段乡城迁移理论 [J]. 中国人口科学, 1999 (1).

[36] 李建民. 中国劳动力市场多重分隔及其对劳动力供求的影响 [J]. 中国人口科学, 2002 (2).

[37] 郭丛斌. 二元制劳动力市场分割理论在中国的验证 [J]. 清华大学教育研究, 2004 (4).

[38] 陈弋, Sylvie Demurger, Martin Fournier, 杨真真. 中国企业的工资差异和所有制结果 [J]. 世界经济文汇, 2005 (6).

[39] 张昭时, 钱雪亚. 中国劳动力市场分割的两重二元性: 理论与现实 [J]. 学术月刊, 2009 (8).

[40] 胡凤霞, 姚先国. 城镇居民非正规就业选择与劳动力市场分割 [J]. 浙江大学学报, 2011 (1).

[41] 袁志刚, 解栋栋. 中国劳动力错配对 TFP 的影响分析 [J]. 经济研究, 2011, (7).

[42] 朱喜, 史清华, 盖庆恩. 要素配置扭曲与农业全要素生产率 [J]. 经济研究, 2011 (5).

[43] 盖庆恩, 朱喜, 史清华. 劳动力市场扭曲、结构转变和中国劳动生产率 [J]. 经济研究, 2013 (5).

[44] 陈彦斌, 马啸. 要素价格扭曲、企业投资与产出水平 [J]. 世界经济, 2015 (9).

[45] 高帆，汪亚楠. 劳动力市场扭曲与城乡消费差距：基于省际面板数据的实证研究 [J]. 学术月刊，2016（12）.
[46] Banerjee A V, Newman A F. Occupational Choice and the Process of Development [J]. Journal of Political Economiy, 1993 (3): 274-298.
[47] Philippe Aghion, Patrick Bolton. A Theory of Trickle-Down Growth and Development [J]. Review of Economic Studies, 1997 (2): 151-172.
[48] Thomas Piketty. The Dynamics of the Wealth Distribution and the Interest Rate with Credit Rationing [J]. Review of Economic Studies, 1997 (2): 173-189.
[49] Banerjee A, Munshi K. How Efficiently Is Capital Allocated Evidence from the Knitted Garment Industry in Tirupur [J]. The Review of Economic Studies, 2004 (1): 19-42.
[50] Matsuyama. Credit Traps and Credit Cycles [J]. AMERICAN ECONOMIC REVIEW, 2007 (3): 503-516.
[51] Yongseok Shin, Roberto Fattal Jaef, Francisco J. Buera. The Anatomy of a Credit Crunch [C]. 2010 Meeting Papers 1190, Society for Economic Dynamics.
[52] Jeong, Townsend. Sources of TFP growth: occupational choice and financial deepening [J]. Economic Theory, 2007 (1): 179-221.
[53] Midrigan, Xu. Finance and Misallocation-Federal Reserve Bank of St. Louis [R]. In a previous version of the paper.
[54] David Dollar, Shang-Jin Wei. Das (Wasted) Kapital: Firm Ownership and Investment Efficiency in China [R]. IMF Working Papers, 2007 (9).
[55] Banerjee. Pitfalls of Participatory Programs: Evidence from a Randomized Evaluation in Education in India [J]. American Economic Journal: Economic Policy, 2010 (2): 1-30.
[56] Ziebarth (2012). Are China and India Backwards Evidence from the 19th Century U. S. Census of Manufactures [J]. Clin Orthop Relat Res., 2012 (8): 227-249.
[57] Wu Yanbing. The Dual Efficiency Losses in Chinese State-Owned Enterprises [J]. Economic Research Journal, 2012 (3).
[58] 鄢萍. 资本误配置的影响因素初探 [J]. 经济学（季刊），2012（2）：489-520.
[59] 张佩，马弘. 信贷约束与资源错配——来自中西的经验证据 [J]. 清华大学学报（自然科学版），2012（9）：1303-1308.

[60] 王林辉，袁礼. 资本错配会诱发全要素生产率损失吗 [J]. 统计研究，2014 (8)：11-18.
[61] 张建华. 资源错配对经济增长的影响及其机制研究进展 [J]. 经济学动态，2015 (1).
[62] 张天华，张少华. 偏向性政策、资源配置与国有企业效率 [J]. 经济研究，2016 (2).
[63] 张江洋，袁晓玲. 能源扭曲对全要素生产率的影响及对策研究 [J]. 经济问题探索，2015 (11).
[64] 杨振兵，张诚. 中国工业部门工资扭曲的影响因素研究——基于环境规制的视角 [J]. 财经研究，2015 (9).
[65] Guner N, Ventura G, Xu Y. Macroeconomic Implications of Size-dependent Policies [J]. Review of Economic Dynam-ics, 2008 (4): 721-744.
[66] B anerjee A, Munshi K. How Efficiently Is Capital Allocated Evidence from the Knitted Garment Industry in Tirupur [J]. The Review of Economic Studies, 2004 (1): 19-42.
[67] Yang M. J. Micro-level misallocation and selection: estimation and aggregate implications [R]. UC Berkeley Working Papers, 2011.
[68] D. Gamage. On Double-Distortion Arguments, Distribution Policy and the Optimal Choice of Tax Instruments [M]. 2014.
[69] Allen. Definition and scope for positive behaviour support [J]. Discover the world's research, 2013. (1).
[70] Alla Lileeva, Daniel Trefler. Improved Access to Foreign Markets Raises Plant-Level Productivity for Some Plants [R]. NBER Working Paper No. 13297, 2007 (8).
[71] Diego Restuccia, Gerson. Richard. Misallocation and productivity [J]. Review of Economic Dynamics, 2013 (1): 1-10.
[72] Guiying LauraWu. Capital misallocation in China: Financial frictions or policy distortions [J]. Journal of Development Economics, 2017 (1): 203-223.
[73] 施炳展，冼国明. 要素价格扭曲与中国工业企业出口行为 [J]. 中国工业经济，2012 (2)：47-56.
[74] 毛其淋. 要素市场扭曲与中国工业企业生产率——基于贸易自由化视角的分析 [J]. 金融研究，2013 (2)：156-169.
[75] 柏培文，杨志才. 长三角地区劳动和资本要素的配置扭曲 [J]. 经济管理，2016 (9).

[76] 蒋为. 增值税扭曲、生产率分布与资源误置 [J]. 世界经济，2016 (5).
[77] Hsieh C, Klenow P. J. Misallocation and manufacturing TFP in China and India [J]. Quarterly Journal of Economics, 2009 (4): 1403-1448.
[78] Restuccia, Rogerson. Cross-country and within-country differences in the business climate [J]. International Journal of Industrial Organization, 2010 (7): 368-371.
[79] Romer. Are Nonconvexities Important for Understanding Growth [C]. NBER Working Paper No. 3271.
[80] Banerjee Abhijit V, Duflo Esther. Growth theory through the lens of development economics [Z]. Handbook of Economic Growth, 2005 (1).
[81] Peter B. Doeringer, Michael J. Piore. Internal Labor Markets and Manpower Analysis [J]. Business & Economics, 1971 (8): 201-212.
[82] Dickens, W. T, Lang K. The Reemergence of Segmented Labor Market Theory [J]. American Economic Review, 1988 (2): 129-134.
[83] Restuccia. Policy Distortions and Aggregate Productivity with Heterogeous Pants [C]. Unversity of Toronto. Depatment of Economics, 2007.
[84] B Jovanovic. Misallocation and Growth [J]. AMERICAN Economic Review, 2014 (4): 49-71.
[85] 许经勇. 农民收入增长缓慢与要素市场发育滞后问题研究 [J]. 经济经纬，2008 (1).
[86] 王学庆. 中国“价格改革”轨迹及其下一步 [J]. 改革，2013 (12).
[87] 踪家峰，周亮. 市场分割、要素扭曲与产业升级——来自中国的证据(1998—2007) [J]. 经济管理，2013 (1).
[88] 金培振，张亚斌. 区域要素市场分割与要素配置效率的时空演变及关系 [J]. 地理研究，2015 (5).
[89] 王宋涛，温思美. 市场分割、资源错配与劳动收入份额 [J]. 经济评论，2016 (1).
[90] Fisher T. C., R. G. Waschik. Union Bargaining Power, Relative Wages, Efficiency in Canadian [J]. Canadian Journal of Economics, 2000 (8): 742-765.
[91] 崔军，杨琪. 新世纪以来土地财政对城镇化扭曲效应的实证研究——来自一二线城市的经验证据 [J]. 中国人民大学学报，2014 (1).
[92] 李承政，顾海英，史清华. 农地配置扭曲与流转效率研究——基于1995—2007 浙江样本的实证 [J]. 经济科学，2015 (3).
[93] 黄健柏，徐震，徐珊. 土地价格扭曲、企业属性与过度投资——基于中国

工业企业数据和城市地价数据的实证研究［J］. 中国工业经济，2015（3）.
［94］罗纳德，麦金农. 经济发展中的货币与资本［M］. 上海：上海三联书店，1997.
［95］林毅夫，刘明兴，章奇. 政策性负担与企业的预算软约束：来自中国的实证研究［J］. 管理世界，2004（8）.
［96］周立，胡鞍钢. 中国金融发展的地区差距状况分析（1978—1999）［J］. 清华大学学报，2002（2）.
［97］卢峰，姚洋. 金融压抑下的法治、金融发展和经济增长［J］. 中国社会科学，2004（1）.
［98］邢春冰. 不同所有制企业的工资决定机制考察［J］. 经济研究，2005（6）.
［99］林毅夫，潘士远，刘明兴. 技术选择，制度与经济发展［J］. 经济学季刊，2006（3）.
［100］林毅夫，龚强. 发展战略与经济制度选择［J］. 管理世界，2010（3）.
［101］郑毓盛，李崇高. 中国地方分割的效率损失［J］. 中国社会科学，2003（1）.
［102］Zhang X，Tan K Y. Incremental reform and distortions in China product and factor markets［J］. The World Bank Economics Review，2007（2）：279-299.
［103］Young A. The razor edge：Distortions and indtrmenral reform in the Peoples Republic of China［J］. The Quarterly Journal of Economics，2000（4）：1091-1135.
［104］邵敏，包群. 外资进入是否加剧中国国内工资扭曲：以国有企业为例［J］. 世界经济，2012（10）.
［105］孙军，高彦彦. 产业结构演变的逻辑及其比较优势——基于传统产业升级与战略性新兴产业互动的视角［J］. 经济学动态，2012（7）.
［106］Diego Restuccia，Richard Rogerson. Policy distortions and aggregate productivity with heterogeneous establishments［J］. Review of Economic Dynamics，2008（4）：707-720.
［107］M Duarte，D Restuccia. The role of the structural transformation in aggregate productivity［J］. The Quarterly Journal of Economics，2010（2）：129-173.
［108］杨高举，黄先海. 内部动力与后发国分工地位升级［J］. 中国社会科学，2013（2）.
［109］Feng. Determinants of economic growth in China：Private enterprise，education，and openness［J］. China Economic Review，2000（3）：1-15.

[110] 高宇明，齐中英. 基于时变参数的我国全要素生产率估计 [J]. 数量经济技术经济研究，2008 (2).

[111] 陈瑾瑜. 全要素生产率与技术进步间的差别及测算——几何微分法的应用 [J]. 数量经济技术经济研究，2012 (6).

[112] 王宁，史晋川. 中国要素价格扭曲程度的测度 [J]. 数量经济技术经济研究，2015 (9).

[113] 李程. 要素市场扭曲、资本深化与产业结构调整——基于时变弹性生产函数的实证分析 [J]. 统计与信息论坛，2015 (2).

[114] Berndt and Morrison，1981 E. Berndt，C. Morrison Short-run labour productivity in a dynamic model [J]. Journal of Econometrics，1981 (6)：339-365.

[115] A. N. Parker. Decentralization：the way forward for rural development [M]. 1995.

[116] 陶小马，邢建武，黄鑫. 中国工业部门的能源价格扭曲与要素替代研究 [J]. 数量经济技术经济研究，2009 (11).

[117] 韩国高，高铁梅. 中国制造业产能过剩的测度、波动及成因研究 [J]. 经济研究，2011 (12).

[118] SE Atkinson，C Cornwell. Estimating Radial Measures of Productivity Growth：Frontier vs Non-Frontier Approaches [J]. Journal of Productivity Analysis，1998 (7)：35-46.

[119] 简泽. 市场扭曲、跨企业的资源配置与制造业部门的生产率 [J]. 中国工业经济，2011 (1).

[120] 陈永伟，胡伟明. 价格扭曲、要素错配和效率损失：理论和应用 [J]. 经济学季刊，2011 (4)：1401-1402.

[121] SC Kumbhakar，CAK Lovell. Stochastic production frontier [M]. 2003.

[122] 赵自芳，史晋川. 中国要素市场扭曲的产业效率损失——基于 DEA 方法的实证分析 [J]. 中国工业经济，2006 (10).

[123] 盛誉. 贸易自由化与中国要素市场扭曲的测定 [J]. 世界经济，2005 (6).

[124] 蒋含明. 要素价格扭曲与我国居民收入差距扩大 [J]. 统计研究，2013 (12).

[125] 林伯强，杜克锐. 要素市场扭曲对能源效率的影响 [J]. 经济研究，2013 (9).

[126] 杨振兵，张诚.《劳动合同法》改善了工资扭曲吗？——来自中国工业部门的证据 [J]. 产业经济研究，2015 (5).

[127] Atkeson，Kehoe. Essays on Open Economy Macroeconomics [M]. 2007.

[128] 罗德明，李晔，史晋川. 要素市场扭曲，资源错置与生产率 [J]. 经济研究，2012 (5).

[129] 樊纲，王小鲁，张立文. 中国各地区市场化相对进程报告 [J]. 经济研究，2003 (11).

[130] 林毅夫. 新结构经济学 [M]. 北京：北京大学出版社，2014.

[131] J Sachs, W Woo, X Yang. Economic reforms and constitutional transition [J]. Annals of Economics and Finance, 2000 (3).

[132] Edmond C, Midrigan V. Cometition, Markups, Gains from international trade [R]. NBER Working Paper, 2012.

[133] Jun Rentschler, Raimund Bleischwitz. On imperfect competition and market distortions: the causes of corporate under-investment in energy and material efficiency [J]. International Economics and Economic Policy, 2016 (2): 159-183.

[134] Jean-Pierre Chauffour, Jose L. Diaz-Sanchez. Product and factor market distortions: the case of the manufacturing sector in Morocco [M]. 2017.

[135] 张军. 资本形成、投资效率与中国经济增长 [M]. 北京：清华大学出版社，2005 (4): 1-23.

[136] 朱顺林. 中国区域分割的产业效率损失实证分析 [J]. 经济地理，2005 (1): 16-19.

[137] 聂辉华，贾瑞雪. 中国制造业企业生产率与资源误置 [J]. 世界经济，2011 (12).

[138] 简泽. 企业间的生产率差异、资源再配置与制造业部门的生产率 [J]. 管理世界，2011 (5).

[139] Hall R. E, Jones C. I. Why do some countries produce so much output per worker than others [J]. Quarterly Journal of Economics, 1999 (1): 83-116.

[140] Solow R. M. A contribution to theory of economic growth [J]. The quarterly journal of economics, 1956 (3): 65-94.

[141] Swan T. W. Economic growth and capital accumulation [J]. Economic record, 1956 (2): 334-361.

[142] Romer D, Chow C. Advanced Macroeconomic theory Mcgraw-hill [M]. 1996.

[143] Acemoglu D. Introduction to modern economic growth [R]. Princeton University Paper, 2008.

[144] Grossman G. M, Helpman E. Endogenous product cycles [J]. Economic Journal, 1991 (4): 1214-1229.

[145] Romer P. M. Growth based on increasing returns due to specialization. The American Economic Review [J]. 1987 (2): 56-62.
[146] Romer P. M. Endogenous technological change [J]. Journal of Political E-conomy, 1990 (5): 71-102.
[147] 吴延兵. 中国工业产业创新水平及影响因素——面板数据的实证分析 [J]. 产业经济评论, 2006 (2).
[148] 李平, 崔喜君, 刘建. 中国自主创新中研发资本投入产出绩效分析——兼论人力资本和知识产权保护的影响 [J]. 中国社会科学, 2007 (2).
[149] 解维敏, 康清泉, 陆珊珊. 政府 R&D 资助, 企业 R&D 支出与自主创新——来自中国上市公司的经验证据 [J]. 金融研究, 2009 (6).
[150] 安同良, 王文翌, 徐志坚. 中国制造业企业专利策略的微观决定机制: 江苏的经验 [J]. 管理学家 (学术版), 2009 (1).
[151] C Lin, P Lin, F Song. Property rights protection and corporate R&D: Evidence from China [J]. Journal of Development Economics, 2010 (2): 49-62.
[152] 吴延兵. 市场结构、产权结构和 R&D [J]. 统计研究, 2007 (5).
[153] 唐清泉, 甄丽明. 管理层风险偏爱, 薪酬激励与企业 R&D 投入 [J]. 经济管理, 2009 (5).
[154] 李春涛, 宋敏. 中国制造业企业的创新活动: 所有制和 CEO 激励作用 [J]. 经济研究, 2010 (5).
[155] Daniel J Wilson. Is Embodied Technology the Result of Upstream R&D Industry Level Evidence [J]. Review of Economic Dynamics, 2002 (5): 285-317.
[156] Rainer Andergassen, Franco Nardini. Endogeous innovation waves and economic growth [J]. Structreal Change and Economic Dynamics, 2005 (12): 522-539.
[157] Camine Ornaghi. Spillovers in product and process innovation: Evidence fron manufacturing firms [J]. International Journal of Industrial Organization, 2006 (12): 349-380.
[158] Reymond W., Mairesse J., Mohnen P. Dynamic models of R&D, innovation and productivity: Panel data evidence for Dutch and French manufacturing [J]. European Economic Review, 2015 (7): 285-306.
[159] JB ReVelle. An Innovation, Productivity, and Quality Focus [M]. 2016.
[160] CF Baum. A new approach to estimation of the R&D-innovation-productivity relationship [J]. Economics of Innovation and New Technology, 2017

(26): 12-25.
[161] Patrick Moran. Innovation, productivity, and monetary policy [J]. Journal of Monetary Economics, 2018 (1): 24-41.
[162] 陈琳. 企业技术创新的制度环境分析——对企业技术创新激励机制的系统思考 [J]. 经济体制改革, 2011 (11).
[163] 张小兰. 技术创新与我国经济增长的质量 [J]. 经济体制改革, 2008 (11).
[164] 易靖韬, 蒙双. 异质性企业出口、技术创新与生产率动态效应研究 [J]. 财贸经济, 2016 (12).
[165] 秦佩恒, 赵兰香, 万劲波. 中低技术企业创新模式与创新绩效研究——基于中国制造业创新调查的实证分析 [J]. 科研管理, 2016 (11).
[166] 程晨. 技术创新溢出与企业全要素生产率——基于上市公司的实证研究 [J]. 经济科学, 2017 (6).
[167] Jeffrey L. Furman. Catching up or standing still National innovative productivity among "follower" countries, 1978-1999 [J]. Research Policy, 2004 (11): 1329-1354.
[168] Rachel Griffith, Elena Huergo. Innovation and Productivity Across Four European Countries [J]. Oxford Review of Economic Policy, 2006 (12): 483-498.
[169] Gustavo Crespi, Pluvia Zuniga. Innovation and Productivity: Evidence from Six Latin American Countries [J]. World Development, 2012 (2): 273-290.
[170] 王青, 谢彦红. 管理对技术进步作用的定量分析 [J]. 工业技术经济, 2004 (8).
[171] 陈清华, 王友广, 方福康. 中国多部门经济增长因素分析 [J]. 系统工程理论与实践, 2005 (9).
[172] 王海鹏, 田澎, 靳萍. 中国科技投入与经济增长的因果关系分析 [J]. 系统工程, 2015 (7).
[173] 付林. 发达国家与新兴市场国家大型企业绩效影响因素研究 [D]. 长春: 吉林大学, 2016.
[174] Coase, R. H., Alchain A, North D. 财产权利与制度变迁: 产权学派与新制度学派译文集 [M]. 上海: 上海人民出版社, 1994.
[175] Avinash K. Dixit, Joseph E. Stiglitz. Monopolistic Competition and Optimum Product Diversity [J]. The American Economic Review, 1977 (6): 297-308.
[176] Bruce M. Skoorka. Measuring market distortion: international comparisons, policy and competitiveness [J]. Journal of Applied Economics, 2010

(10): 253-264.

[177] Marc J. Melitz. The Impact of Trade on Intra-Industry Reallocations and Aggregate Industry Productivity [J]. Econometrica, 2003 (11): 1695-1725.

[178] H. S. Houthakker. Economics and Blology: Specialization and Speciation [J]. KRKLO, 1965 (5): 181-189.

[179] Samuel S. Kortum. Research, Patenting, and Technological Change [J]. Econometrica, 1997 (11): 1389-1419.

[180] 冉龙，陈晓玲. 协同创新与后发企业动态能力的演化 [J]. 科学学研究，2012 (2).

[181] RE Baldwin, P Krugman. Agglomeration, integration and tax harmonization [J]. European Economic Review, 2004 (2): 1-23.

[182] IM Young. Civil Society, Corporate Social Responsibility and China [J]. China Business Review, 2002 (1): 34-38.

[183] Ross Garnaut. China and the future of the international trading system [M]. ANU Research Publications, 2000.

[184] MN Baily, H Gersbach, FM Scherer. Efficiency in Manufacturing and the Need for Global Competition [J]. Economic Activity (Microeconomics), 1995 (11): 307-358.

[185] Z Griliches, H Regev. Firm productivity in Israeli industry 1979 - 1988 Journal of Econometrics [J]. 1995 (1): 175-203.

[186] T Dunne, L Foster, J Haltiwanger. Wage and Productivity Dispersion in United States Manufacturing: The Role of Computer Investment [J]. Journal of Labor Economics, 2004 (4): 22-43.

[187] G. Steven Olley, Ariel Pakes. The Dynamics of Productivity in the Telecom uni-cations Equipment Industry [R]. NBER Working Paper, 1995, No. 3977.

[188] SC Kumbhakar, M Denny, M Fuss. Estimation and decomposition of productivity change when production is not efficient: a paneldata approach [J]. Econometric Reviews, 2000 (4): 312-320.

[189] James Levinsohn Amil Petrin. Estimating Production Functions Using Inputs to Control for Unobservables [J]. The Review of Economic Studies, 2011 (3): 317-341.

[190] 余淼杰. 中国的贸易自由化与制造业企业生产率 [J]. 经济研究，2010 (12).

[191] 简泽，张涛，伏玉林. 进口自由化、竞争与本土企业的全要素生产率——基于中国加入 WTO 的一个自然实验 [J]. 经济研究，2014 (8).
[192] 张公嵬. 我国产业集聚的变迁与产业转移的可行性研究 [J]. 经济地理，2010 (10).
[193] 徐伟呈，范爱军. 人民币汇率变动对就业和工资的影响——基于中国制造业细分行业的实证研究 [J]. 金融研究，2013 (12).
[194] Amil Petrin, T. Kirk White, Jerome P. Reiter. The Impact of Plant-level Resource Reallocations and Technical Progress on U. S Macroeconomic Growth [R]. NBER Working Paper No. 16700, 2011 (1).
[195] M Nishida, A Petrin. Are We Undercouting Reallacation's Contribution to Growth [R]. US Census Bureau Center for Economic Studies PaperNo. CES-WP-13-55R, 2014.
[196] Anson T. Y. Ho Kim P. Huynh David T. Jacho Chavez German Cubas. Productivity, Reallacation and Distortion: Evidence from Ecuadorian Firm Level Data [R]. 2014.
[197] Emmanuel Dhyne, Amil Petrin, Valerie Smeets, Frederic Warzynski. Multi Product Firms, Import Competition, and the Evolution of Firm-product Technical Efficiencies [R]. NBER Working Paper No. 23637, 2017 (1).
[198] 金碚. 论国有企业改革再定位 [J]. 中国工业经济，2010 (5).
[199] 潘士远，罗德明. 民间金融与经济发展 [J]. 金融研究，2006 (4).
[200] 张杰，黄泰岩，芦哲. 中国企业利润来源与差异的决定机制研究 [J]. 中国工业经济，2011 (1).
[201] 赵伟，古广东，何元庆. 外向 FDI 与中国技术进步：机理分析与尝试性实证 [J]. 管理世界，2006 (7).
[202] 赖明勇，包群，彭水军. 外商直接投资与技术外溢：基于吸收能力的研究 [J]. 经济研究，2005 (8).
[203] Matthew A. Cole, Robert J. R. Elliott, Supreeya Virakul. Firm Heterogeneity, Origin of Ownership and Export Participation [J]. The World Economy, 2010 (2): 1231-1467.